Le Goûter chez Dieu

DU MÊME AUTEUR

CHEZ FLAMMARION

Un mari c'est un mari, *roman*
La Vie reprendra au printemps, *roman*
La Chambre de Goethe (Prix Roland Dorgelès, 1981)
Un visage, *roman*
Le Mois de septembre, *roman*
La Citoyenne
Le Harem, *roman*
(Grand Prix du Roman de l'Académie Française, 1987)
Le Mari de l'Ambassadeur, *roman*
Félix, fils de Pauline, *roman*
Le Château des Oliviers, *roman*

CHEZ JULLIARD

L'Île sans serpent, *récit*
Je vous aime (Idée Fixe, Jacques Chancel)
Babouillet ou la Terre promise

CHEZ J'AI LU

La Petite Fille modèle, *récit*
La Demoiselle d'Avignon, *roman*
(en collaboration avec Louis Velle)

CHEZ PLON

Le Grand Batre, *roman*
La Protestante et le Catholique
(en collaboration avec Louis Velle)
Esther Mazel, *roman.*
Je vous aime... toujours

Frédérique Hébrard

Le Goûter chez Dieu

Plon

ISBN : 2-259-19752-3

à Catherine Velle,
ma fille,
ma marraine

Le Goûter chez Dieu

Ciò ch'io vedevo mi sembrava un riso de l'universo...*

DANTE, *Paradiso XXVII*

Et je fus ravie en esprit...

Cette plaine de fleurs, cet océan gracieux, cet infini parfait sur lequel pousse, comme un champignon, la table à thé avec sa nappe de dentelles, ses tasses exquises...

Mémé qui parle à un homme de dos, un homme à cheveux blancs... Mon grand-père ? Ça ne peut pas être mon grand-père, mon grand-père est mort trop jeune pour avoir vu blanchir ses cheveux. Non...

C'est Maurice !

Je reconnais son port de tête, très droit, sans laisser-aller. Il a posé son canotier sur la table et il écoute mémé avec attention, et ce doit être drôle parce qu'ils rient tous les deux et que ce rire fait

* Ce que je voyais me semblait un sourire de l'Univers...

bouger Tybert que mémé tient sur ses genoux, elle qui n'a jamais tant aimé les chats. Mais là, elle le caresse et même elle l'embrasse entre les oreilles et s'excuse de l'avoir dérangé, mon Minou...

C'est Tybert qui m'a vue le premier, mémé a suivi son regard, Maurice s'est retourné...

– Nous parlions justement de toi, Riquette.

– Nous en parlons souvent ! dit le chat.

Le chat. Le chat a parlé et j'ai compris !

– Tu as toujours compris ! dit-il avec bonté.

Le chat.

Ils rient tous trois de mon étonnement. Me font asseoir entre eux avec la complicité d'une chaise sortie on ne sait d'où, me versent du thé dans une tasse tombée du ciel – évidemment – et, brusquement, fulgurante, je découvre la réalité.

Je suis morte.

Nouveaux éclats de rire.

– Mais non ! tu n'es pas morte. Tu es tout simplement une mortelle en visite ! Une invitée !

Je peux à peine parler :

– Invitée à quoi ?

– À un goûter chez Dieu !

– Tout simplement, dit le chat.

*

Tout simplement.

J'ai bu une gorgée de thé. Un thé légèrement fumé. Délicieux. Boisson immatérielle. Je me suis sentie bien.

Ils me regardaient.

Ils m'aimaient...

C'était pour ça que j'étais là et je me souvins de la stèle de Chrysis que mon grand-père avait exhumée de sa nuit dans la terre de la Colonia Augusta. Je me souvins de la prière de la jeune étrangère arrachée si tôt par Pluton à l'amour de son époux, à la tendresse de son fils : « *Passant, dans le fond de ton cœur, éprouve pour Chrysis une douleur amère... Sois compatissant, chez les morts aussi, il y a de la reconnaissance**. »

J'ai demandé si je la verrais, elle dont j'avais fait ma plus lointaine ancêtre. Ils ont répondu que oui.

J'ai demandé quand j'allais voir mes parents et ils se sont tus.

– Ils ne sont pas... ici ?

Ma voix était à peine perceptible, je tremblais, alors ils m'ont rassurée. Si je ne pouvais voir ceux qui m'avaient donné la vie, ce n'était point parce qu'ils n'avaient pas été reçus dans le Royaume, non, c'était à cause de moi.

Je ne supporterais pas l'incandescence de cette rencontre. Une fulguration. Le Grand Scénariste en avait fixé le jour et l'heure dans le Livre, mais nul ne devait en connaître les chiffres.

Maurice me versa une nouvelle tasse de thé. Je regardais sa main très blanche et je retrouvai la blessure tendrement soignée par la Louque, qu'il s'était faite, enfant ; mince cicatrice, à peine visible, mais inscrite à jamais dans ma mémoire ; trace inoubliée de ce que fut notre étrange amitié.

Il avait servi mémé, puis reposé la théière. Les

* *Félix, fils de Pauline*, Flammarion et J'ai lu.

zéphyrs jouaient doucement dans les plis et les retombées de la nappe de dentelles. Doucement. Je respirais un air si délicieux que je croyais boire à une source pure.

– Sers-toi de merveilles, dit Maurice en me tendant une assiette pleine de ces bulles délicates, parfumées à la fleur d'oranger et poudrées de sucre glace.

– Et, surtout, devine qui les a faites !

Mémé est si joyeuse que, sans plus attendre, elle ajoute :

– C'est ma sœur, c'est Marguerite.

– Et je crois les avoir réussies !

Ma grand-tante Marguerite est là, je ne puis en douter puisqu'elle porte la robe que ma fille, mes belles-filles, mes petites-filles et moi-même nous nous disputons, chaque été, pour la soirée déguisée des Bressous. Mais, sans le secours de la robe, l'aurais-je reconnue ? Envolées les souffrances qui accompagnèrent sa vie depuis que Georges, son fils, tomba dans la boue de Verdun à l'âge de vingt-deux ans. La jeune femme radieuse a retrouvé son fils.

Georges.

Je reste pétrifiée.

Georges.

Il est encore plus beau que sur la photo prise quelques semaines avant sa mort, il me sourit et me tend les bras.

*

J'ai posé ma tête sur la rude étoffe bleu horizon. Et là, j'ai entendu battre le cœur de celui qui était redevenu poussière, et là, j'ai senti la chaleur de son corps...

J'ai eu peur. De cette chaleur aberrante, de ce sang qui continuait sa course après avoir rencontré la mort le 21 mai 1916. J'ai failli fuir. Me sauver à toutes jambes de ce mystère...

Je suis restée. Arrimée à l'impossible. Émerveillée.

Diastole. Systole. Chaque pulsation chassait ma peur. Non, je n'étais pas dans un film d'épouvante, non je n'étais pas conviée à l'horrible festin des vers et du tombeau, j'étais conviée au Goûter chez Dieu. J'étais conviée à une Fête !

– Ça va ?

La voix de Georges. Je l'entends pour la première fois, cette voix imaginée à travers les récits de sa mère, de la mienne, cette voix imaginée à travers le deuil et les rêves, cette voix brusquement devenue familière. J'ai envie de rire. Ça va, Georges. Ça va bien !

J'ose lever les yeux sur lui, le regarder, lui rendre son sourire, caresser cette joue de jeune homme, et sentir au bout de mes doigts une barbe qui pousse sous la douceur de la peau.

Quand même, le bleu horizon, ce dernier vêtement qui fut le sien, c'est dur à supporter... à peine ai-je conscience de ma pensée que le voilà en civil, chemise blanche, lavallière, veston croisé. Charmant.

J'éclate de rire et j'ai l'impression que cet éclat de rire soulage tout le monde. Quand je dis « tout le monde », je m'entends : tout le monde c'est Georges, sa mère, mémé, Tybert, Maurice... Non ! Maurice a disparu.

Cette disparition m'affecte comme si j'en étais responsable. Pourquoi Maurice a-t-il disparu ?

– Il est parti répéter, m'explique mémé.

Répéter ? Je dois avoir l'air idiot car elle se fâche comme elle se fâchait dans mon enfance quand mes résultats ne correspondaient pas aux ambitions qu'elle nourrissait à mon endroit.

– Il chante ce soir ! Alors, forcément, il répète ! Ne fais pas cette tête ! Tu le connais assez pour savoir ce que ça représente pour lui ! Maurice Chevalier, c'est Maurice Chevalier !

Tybert pose une patte apaisante sur sa main. Elle se calme et, nouveauté, s'excusant de s'être emportée, me fait signe de m'asseoir auprès d'elle.

Maurice répète...

Tybert vient sur mes genoux comme autrefois, aux premiers temps de *Coin Perdu*, quand les enfants étaient petits, la vie dure, et l'avenir mystérieux. Il savait tout de moi, le gouttière tigré venu de la forêt sur ses coussinets de velours. Pendant plus de dix-huit ans il fut le chat de la maison. Un grand chat, comme on est un grand homme. Chaque matin, assis sur la table de la cuisine, il tendait la patte au facteur, « Bonjour, Tybert » disait le facteur en serrant la patte. Tybert était content, le facteur était content. Et nous aussi.

Dix-huit ans. Les rhumes. Les varicelles. Les bougies d'anniversaire. Les grands orages. L'arbre de Noël. Les chagrins. Les joies. Les rires et les pleurs. Tout partagé avec Tybert. Tybert qui savait tout de moi, qui sait toujours tout de moi et m'explique que ce n'est pas une mince affaire pour Maurice de répéter avec l'orchestre du Roi David...

– Elle est sonnée, dit-il à mémé. Il faut se mettre à sa place, la pauvre, tout est nouveau pour elle.

*

J'ai pris une merveille...

Ils se taisaient comme pendant la communion tandis que je mangeais.

J'en ai repris une autre.

C'est vrai qu'elles étaient bonnes ! Et je me réjouissais de sentir sous ma langue le sucre, la pâte légère et ce goût de fleur d'oranger venant de l'enfance. Je mâchais scrupuleusement pour arriver à la certitude que rien de virtuel n'abusait mon esprit. Que je ne rêvais pas. Que j'étais bien là, avec eux. Vivante. Je regardais l'assiette n'osant pas, malgré mon envie, me servir une troisième merveille. Quelque chose me troublait, m'échappait, quelque chose de sévère, d'obscur... les fruits du Jardin, dans la Genèse, la Loi de Noé après le déluge et le Livre d'Ésaïe où il est dit que le lion comme le bœuf mangera du fourrage quand le temps de la montagne sainte sera venu.

Je n'ai rien dit, mais mémé s'agite déjà :

– Au lieu de citer la Bible à tort et à travers, comme quand tu étais petite, apprends donc l'hébreu !

– Mémé ! miaule Tybert, contrarié.

– Jeanne ! dit la tante Marguerite, peinée.

Georges, lui, se contente de rire, me tend l'assiette

et, comme je refuse, il se sert et parle, la bouche pleine, joyeux :

– Tu ne devrais pas être surprise ! As-tu oublié le dîner à Rome, sur le Pincio, le soir où tu as invité ton grand-père à la *Casina Valadier*, le 7 juin 1914* ?

Comment pourrais-je oublier cette nuit découverte dans une déchirure du temps ! Cette nuit demandée par une prière sur le mont Nébo à Celui qui voulut bien m'écouter et me permettre d'emmener Félix Mazauric à Rome ! L'adversité n'avait pas permis qu'il y entrât de son vivant, lui, l'archéologue, lui, le Conservateur des Musées de Nîmes, lui, le protecteur de la Colonia Augusta, lui, le grand-père que je n'ai pas connu mais que j'ai vénéré dès que j'ai ouvert les yeux sur ce qui restait de ma ville antique, parce que je voyais en lui le Dieu Nemausus, fils d'Héraklès et de la nymphe de la source sacrée. Peut-on oublier un tel cadeau du Ciel ?

– Attache ta ceinture, dit Tybert, c'est pas fini les cadeaux !

Avant même de me retourner j'ai compris que Félix était là.

Je commençais à m'habituer.

J'avais franchi les portes du Temps.

*

Nemausus n'était pas venu seul. Il était tel que je l'avais connu à Rome ; il était de son temps, de l'ère du Progrès, de l'ère de l'Espoir en l'Avenir de

* *Félix, fils de Pauline*, Flammarion et J'ai lu.

l'Humanité. Mais la jeune femme qui l'accompagnait, elle, avait bien deux, peut-être même trois mille ans, et cette découverte, cette révélation qui m'était faite en ce goûter me remplit de joie et de reconnaissance, car elle était la preuve de l'universalité dans l'Espace, de la rétroactivité dans le Temps, du sacrifice de Jésus. Et je me réjouis de découvrir une créature du monde antique ailleurs que dans un péplum de Cinecittà, ou dans les plis de marbre d'un musée.

Je me réjouis pour elle, et je me réjouis pour moi, car, avant d'accéder au christianisme, je fus païenne. Pieusement. Farouchement. Et mon baptême tardif ne me fera jamais oublier ma dévotion aux arbres, aux fontaines, aux nuages et aux dieux répudiés par les hommes. Ma première lecture de la *Divine Comédie* me révolta. Oser interdire l'entrée du Paradis à Virgile ! Quel scandale !

– Et nous ! Tu crois pas qu'il était temps de penser à nous ?

Tybert milite pour les siens et ce n'est pas moi qui vais le lui reprocher. L'idée d'aller au Paradis sans mes chats est inacceptable ! D'ailleurs, je suis bien tranquille. Pour eux. Je ne sais si j'irai, moi, mais je suis sûre que, pour eux, il est grand ouvert.

Tybert ronronne.

La jeune païenne caresse ma joue de ses doigts de soie. Elle sent le jasmin. Son parfum me dit qu'elle est phénicienne, mon cœur me dit qu'elle est mon ancêtre.

Un petit cheveu blond s'échappe, désobéissant, des tresses parfaites qui couronnent son front clair.

Elle est Chrysis. Elle me veut du bien... « chez les morts aussi, il y a de la reconnaissance »...

– Oui, dit Félix qui n'a pas encore parlé, il y a de la reconnaissance... seulement, ici, il n'y a pas de morts.

Une bûche vient d'éclater dans la cheminée. Du bois trop vert bavant sa sève...

Je viens à peine de la mettre, cette bûche, je viens à peine de me rasseoir à ma table, de reprendre le stylo. Je n'ai pas bougé de ma datcha, lieu d'écriture.

Et pourtant j'arrive de cette plaine de fleurs, de cet océan gracieux, de cet infini parfait sur lequel pousse, comme un champignon, la table à thé du Goûter chez Dieu.

Je le SAIS.

Et je sais aussi qu'il n'y a pas eu dépense de temps. Que je n'ai rien perdu des heures qui me sont allouées en atteignant l'impossible, c'est-à-dire l'essentiel.

Je suis folle ?

Peut-être le penserais-je si ne restait, au bout de mes doigts, comme une poussière d'étoile, un peu de ce sucre glace qui sent la fleur d'oranger.

Je crois tout possible depuis que j'ai goûté aux merveilles, et si Gabriel venait m'en apporter une corbeille dans un battement d'ailes, je n'en serais point étonnée.

D'ailleurs, j'entends un léger bruit à ma porte et je me lève pour ouvrir à l'Ange.

C'est le chat.

C'est Pélardon.

Tout de suite je vois qu'il est au courant. Et heureux de ce qui s'est passé.

– Tu as vu Tybert ? demande-t-il.

Je lui raconte ce qu'il sait déjà et il saute sur la table pour venir m'embrasser comme il a l'habitude de le faire quand j'écris.

– Pousse-toi, Pélardon !

– Non, dit-il gentiment en se couchant sur la feuille blanche.

Un jour, je l'ai dessiné *in situ*.

Je lui ai montré sa silhouette envahissante entourée de mots. Il a trouvé que c'était joli et nous avons punaisé l'œuvre d'art sur le mur de bois de la datcha.

– Tous les chats d'écrivain font comme moi, dit-il en s'étalant. Demande à Malraux quand tu retourneras au Goûter !

Je lui demande comment il sait tant de choses... Il ferme ses beaux yeux et s'endort aussitôt. Ronronnant.

Le Prophète découpa son manteau pour ne pas réveiller sa chatte Muezza au moment de la prière ; moi, doucement, sans réveiller mon chat Pélardon, je prends une autre feuille blanche et je commence à écrire, de traviole, position terriblement inconfortable me préparant une belle scoliose pour la fin du livre. Mais, sans doute pour ménager mon dos,

Pélardon se renverse et, répandu mieux que du mercure, occupe maintenant les deux feuilles.

– Tu m'empêches de travailler !

– C'est exprès ! dit-il, joyeux. Tybert te réclame. Vas-y vite ! Tu me raconteras !

– Ah ! la voilà ! ont-ils dit en me voyant.

Ça m'a fait plaisir.

Il y avait beaucoup de monde autour de la table, et, surtout, il y avait Maurice, très entouré, et j'ai compris que c'était lui que l'on fêtait.

On m'a fait asseoir près de lui. Il était heureux comme après une représentation qui a marché, quand le cœur continue à battre plus fort, quand les applaudissements résonnent encore dans l'oreille et que la peur s'est transformée en bonheur.

– Il a été formidable ! a dit Félix.

– Magnifique ! a dit Georges.

Chrysis, elle, chantonnait : « *Ah, si vous connaissiez ma pou-oule !* » et c'était si drôle de la voir, sérieuse dans ses draperies antiques, son diadème d'or sur ses cheveux blonds, s'appliquer à trouver l'accent parigot, que tout le monde a éclaté de rire.

– Une bien belle soirée, a dit mémé. D'ailleurs, cher Maurice, vous avez vu à quel point ILS ont aimé !

Et moi qui demande comme une imbécile, mais alors vraiment imbécile :

– Qui ça ?

J'ai compris à cause du silence et des regards posés sur moi. J'ai compris une fois pour toutes et ça m'a fait frissonner. Pas de peur, non, frissonner comme quand on vous dit : « Vous venez de remporter le grand prix ! Vous avez gagné la course ! C'est vous qui repartez avec le trophée ! » Mais tout ça, le grand prix, la course, le trophée, ce n'était rien à côté de ce que je devinais. L'idée même qu'au-delà de ce qui m'était donné de voir il y aurait encore d'autres mystères à découvrir m'emplissait de joie.

– Elle commence à comprendre, dit Tybert, toujours très attentif.

– Je le crois aussi, dit Maurice.

Il me regardait comme on regarde quelqu'un qui s'éveille, quelqu'un qui reprend contact avec la vie, après un long sommeil, et, à la lumière de ses yeux bleus, chaque instant que j'eus le bonheur de partager avec lui par-ci, par-là, depuis 1951 jusqu'à notre dernière rencontre peu avant sa mort, me fut rendu.

*

À quel âge ai-je su que Maurice Chevalier existait ?

Je serais tentée de dire : avant ma naissance.

Il existait déjà tellement ! Sa Pomme, son Canotier, sa silhouette, son répertoire que tout le monde fredonnait.

Depuis longtemps il était célèbre. Comme un monument, comme un arbre. Il était un bien national.

Sans le connaître, sans raison ni espoir de le connaître, je lui avais envoyé mon premier livre.

Quatre jours plus tard j'avais un mot de remerciement.

Je voyais pour la première fois sa belle écriture, toujours à l'encre bleue, sans savoir que, plus tard, je recevrais tant de lettres de lui.

Un après-midi de printemps je le croisai avenue du Bois.

Il répondait à tous les saluts.

Il répondit au mien.

Je n'osais pas me présenter, le remercier pour sa lettre...

J'étais très jeune. Il était déjà un vieux monsieur.

Impressionnant.

Maman nous emmena un soir, Louis et moi, l'entendre au Théâtre des Champs-Élysées.

C'était superbe.

Au-delà de la performance.

Unique.

Et puis il portait un pardessus bleu nuit qui faisait l'admiration de ma mère. Le tailleur qui l'avait coupé devait connaître le nombre d'or. Je devinai au premier coup d'œil que ce pardessus était autre chose qu'un beau vêtement, autre chose qu'un accessoire de scène. J'aurais bien voulu savoir quoi...

Quelle surprise, quel bonheur, quand, en 1954, Jean Boyer engagea Louis pour être le fils de Maurice Chevalier dans le film *J'avais 7 filles* qu'il allait tourner à Nice pendant l'été !

7 beautés autour de Louis.

7, un chiffre qui porte bonheur...

Encore faut-il croire à la chance. Mais la chance, n'est-ce pas aussi la rencontre d'émotions violentes ? Aurais-je écrit *Le Mois de septembre** si je n'avais pas rencontré là celle qui devait devenir Sandra ?

Quand j'arrivai à Nice, trois semaines après le début du tournage, je demandai à Louis comment était Maurice Chevalier.

– Merveilleux ! me répondit-il.

C'était vrai, et ce qui est vrai aussi c'est que Maurice nous adopta tout de suite.

Pourquoi ?

Parce que nous écrivions.

Le premier jour, il avait dit à Louis :

– Monsieur, je n'ai jamais eu de fils, ni dans la vie, ni au cinéma, c'est une chose importante pour moi, d'autant plus que j'ai su que vous veniez d'avoir le prix Alphonse Allais pour votre premier roman, *Ma petite femme*, n'est-ce pas ?

Il avait un véritable culte pour les mots, pour l'écrit, pour la culture, pour tout ce qui lui avait été refusé quand il avait l'âge d'apprendre.

Mais y a-t-il un âge pour apprendre ?

De son côté il nous apprenait beaucoup de choses. Il régnait sur ses 7 filles et son unique fils sans peser sur eux, mais il était implacable sur les manières et les comportements, particulièrement en ce qui touchait le métier.

Un soir, dans le jardin Albert-Ier, la distribution

* *Le Mois de septembre*, Flammarion et J'ai lu.

tout entière fut prise au piège par un spectacle de charité que présidait Maurice. Spectacle débile et, surtout, interminable. Tantine et son Joyeux Pistou, les Petits Chanteurs de la Garriguette, l'Oncle Fada et Cousin Pétoun-Pété se succédaient sous les étoiles. L'heure de Cendrillon avait sonné depuis longtemps, et les 7 filles, frissonnantes dans leurs robes légères, les pieds nus glacés dans leurs sandales, n'avaient qu'une idée : aller au lit.

– On ne quitte jamais un spectacle avant la fin, c'est l'honneur du métier ! dit Maurice à ses voisines dont les lèvres commençaient à devenir bleues.

Personne ne bougea et l'on se réchauffa en applaudissant à tout rompre, vers deux heures du matin, à la fin du supplice.

Le dernier plan des *7 filles* tourné, nous avons cru que c'était fini pour toujours.

Mais Maurice ne voulut pas rompre les liens noués avec nous. Il avait quitté Paris pour s'installer à Marnes-la-Coquette et nous invita régulièrement à ses déjeuners de *La Louque*.

Nous étions encore très intimidés par lui.

Jusqu'au jour où je le rencontrai dans un jardin, près de la Loire. Il était la vedette d'un gala où je ne sais plus très bien ce que je faisais moi-même. Je jouais un sketch ? Je disais des poèmes ? Je ne me souviens pas...

Mais ce que je me rappelle parfaitement c'est que, dans ce jardin où nous étions seuls, il me demanda s'il pouvait m'embrasser.

Je dis que non, et c'est ainsi que démarra notre amitié.

*

– Tu n'as encore jamais raconté ça, dit Maurice.
– J'étais trop jeune.
– Tu vas tout raconter ?
– Tout.
– C'est bien.

Mémé s'agite, terrifiée :

– Tout ? Tout quoi ?

Maurice éclate de rire et l'embrasse sur les deux joues :

– N'ayez pas peur, Jeanne !

Ça me plaît qu'il l'appelle Jeanne, ma mémé, et qu'il l'embrasse ; pas comme il aurait voulu m'embrasser dans le jardin près de la Loire, non, sur les deux joues. Il lui prend la main :

– Il n'est question que de cœur, rassurez-vous.

Je vois qu'elle n'est qu'à moitié convaincue, il devient grave soudain.

– Jeanne, ne soyez pas trop sévère, trop méfiante, souvenez-vous de la belle femme de Morzine et de vos remords.

Nous avons rougi ensemble, mémé et moi, car la belle femme de Morzine, c'est un très mauvais souvenir que nous portons toutes les deux.

*

J'avais neuf ans. J'étais en vacances avec mémé, à Morzine, dans un grand chalet de bois qui devait s'appeler *Les Gentianes*, à moins que ce ne soit *Les*

Edelweiss ou *Les Chamois*, comme il était de mise dans les respectables pensions de famille de l'époque.

Air pur, nourriture roborative, table d'hôte, promenades en groupe selon affinités, loto, jeu de dames et ma-jong, ennui assuré.

Jusqu'à l'arrivée de la si belle femme qui devait jeter le trouble dans la vie calme des *Gentianes*, des *Edelweiss* ou des *Chamois*.

Elle était veuve.

Elle était toujours vêtue de blanc, de gris perle, de mauve ou de lilas.

Je la revois, après tant d'années, aussi nettement que si elle était devant moi. Une perfection de la nature. Pas un gramme de maquillage ou d'artifice. Elle n'avait besoin ni de poudre ni de rouge pour être la plus belle. Modeste, pleine de pudeur, de douceur, de discrétion, le soir où elle arriva dans la salle à manger il se fit un grand silence et elle rougit comme si elle avait commis un impair.

J'avais cru voir entrer Force des Cœurs, la Belle Persane ou l'esclave Tourmente, tant elle semblait sortir d'un conte. Mais elle était bien réelle et elle s'assit à la table d'hôtes, éveillant, parmi l'assemblée, les sentiments contradictoires qui devaient causer sa perte.

Son plus grand défaut, aux yeux des plus anciens pensionnaires qui avaient pris l'habitude de faire passer un examen à tout nouvel arrivant, son plus grand défaut était qu'on ne pouvait rien lui reprocher.

Elle était aimable avec tout le monde, serviable avec les vieilles personnes, délicieuse avec les enfants, et Brutus, le saint-bernard maison, chien assez réservé dans ses jugements, l'avait adoptée dès le premier coup d'œil.

– Un ange ! dit un soir le juge d'instruction en retraite.

Le pauvre homme ne se doutait pas, en sucrant son tilleul, qu'il venait, par cette innocente remarque, de déclencher les hostilités.

– Pourquoi pas une sainte, tant que vous y êtes ! siffla, au-dessus de son tricot, la vieille demoiselle que je refusais d'embrasser depuis un premier essai où j'avais constaté, d'abord qu'elle piquait comme un homme, ensuite qu'elle puait comme un putois.

– Un ange ! répéta-t-elle, si révoltée qu'elle en manqua trois mailles.

C'était parti.

Mémé eut beau énumérer les vertus de la belle dame, qui ne buvait pas, ne fumait pas, ne se maquillait pas et attendait son fils unique, enseigne de vaisseau sur la mer de Chine – ce qui prouvait qu'elle avait l'esprit de famille et qu'elle était une bonne mère –, rien n'y fit, le ver était déjà dans le fruit.

Moi, je ne me méfiais pas, j'étais sous le charme sans me douter que j'allais être l'instrument du destin.

Sautillant sur mes petites jambes j'avais, depuis longtemps, fait l'inventaire de tous les coins et recoins du chalet. Mémé et moi nous avions une chambre avec un balcon fleuri de géraniums ; c'était joli, mais les plus belles chambres donnaient, elles, sur une galerie qui faisait le tour de la pension. Là était la chambre de mon idole et, près d'elle, pas encore occupée, celle qui attendait son fils, l'officier-de-marine-sur-la-mer-de-Chine !

De quoi rêver !

Un matin, toujours sautillant et fort indiscrète, je me hasardai sur la galerie. Peut-être aurais-je la chance de voir la dame ? De parler avec elle ! Peut-être me montrerait-elle la photo de son fils qu'elle avait posée sur sa table de chevet ? La femme de chambre m'avait dit qu'il était beau à n'y pas croire ! Tout en blanc ! Avec des galons en or ! Je m'approchai sans bruit et j'entendis chanter la dame. Sa voix était très douce, calme, on aurait dit une berceuse... sans doute celle qu'elle chantait à son fils quand il était petit... je fis un pas de plus et je la vis !

Je restai pétrifiée. Elle était absolument nue.

Elle ne m'avait pas vue et rangeait des lingeries vaporeuses dans la commode, les pliant avec soin, sérieuse comme à son habitude. Puis elle abandonna la commode pour aller chercher une écharpe abandonnée sur le lit.

C'est à ce moment, au moment où elle saisissait l'écharpe de ses doigts fins, qu'elle me vit.

Elle poussa un cri et fut pétrifiée comme moi.

Mon Dieu, qu'elle était belle !

– Pardon, dit-elle dans un souffle avant de disparaître à mes yeux.

– Pardon, dis-je à mon tour, un peu honteuse mais toujours éblouie.

J'emportai ma vision comme un cadeau et je fus heureuse toute la journée comme si la belle dame m'avait confié un secret.

Hélas ! le temps menaçant de se gâter, les pensionnaires se retrouvèrent dans le salon pour le thé des grandes personnes et le goûter des enfants. L'air était à l'orage. Quelques éclairs, quelques roulements de tonnerre annonçaient la tempête. Le vieux juge se leva et alla vers la fenêtre pour inspecter le ciel.

– Vous cherchez votre ange, monsieur le juge ? persifla la méchante tricoteuse.

Le vieux monsieur revint vers nous et dit doucement :

– Sa présence est une grâce, mademoiselle, et un tel plaisir pour les yeux !

– Avec les toilettes qu'elle a ! vous m'en direz tant !

Je commençais à avoir envie de mordre.

Un gros homme, très rouge et très mal élevé, que nous ne fréquentions pas car, mémé m'avait prévenue, c'était un rustre, éclata bruyamment de rire.

– C'est vrai qu'il y a des femmes, quand elles quittent la robe, tu sais jamais ce que tu vas trouver !

Je dis :

– Moi, je sais, et le silence se fit.

– Qu'est-ce que tu as dit ? La voix de mémé tremblait.

– Je sais comment est la dame quand elle est toute nue. Je l'ai vue.

Le silence.

– Elle est encore plus belle toute nue. Elle est belle comme *La Naissance de Vénus* ! et j'ajoutai timidement : de Botticelli.

Après, je ne sais plus car mémé m'a emmenée dans notre chambre et m'a enfermée avant d'aller retrouver les pensionnaires. Tout ce que je sais c'est que, le soir même, la dame était partie. J'appris plus tard par la femme de chambre que son fils était arrivé le lendemain matin, qu'on lui avait remis une lettre de sa mère pour qu'il aille la rejoindre ailleurs, qu'il était encore plus beau que sur la photo et qu'il avait dit en lisant la lettre : « Je ne comprends pas... » sur un ton si triste qu'on se serait cru au cinéma.

– Ce que tu n'as pas su, dit mémé, c'est que je ne l'ai pas défendue comme j'aurais dû le faire et comme le fit le vieux juge qui non seulement trouvait son procès cruel, mais ridicule ! Demander à une dame de quitter l'hôtel parce qu'une petite fille l'avait vue toute nue ! Mais les autres me disaient qu'elle était dangereuse, qu'elle t'avait attirée exprès ! Qu'elle était une aventurière. Qu'elle pouvait « pervertir un enfant » ! Une intrigante ! Pauvre femme ! Je m'en veux encore.

Tu ne vas pas pleurer, mémé ? Ça doit être impossible de pleurer ici ?

Soudain je la vois sourire et se lever pour aller au-devant de la si belle femme de Morzine, accompagnée de son fils en grand uniforme de la Royale, qui s'approchent de la table.

La dame tient la main de son fils bien-aimé. Et elle est nue comme dans mes souvenirs.

Non. Nue comme le fut Ève dans le jardin de Dieu, nue de Lumière, nue d'Amour, rayonnante. Vêtue de Paix et de Beauté par la main du Créateur avant la rencontre du Péché.

Maurice dépose un baiser sur sa main lumineuse, la dame m'embrasse sur le front et, soudain, elle est vêtue de mousselines blanches et lilas.

– L'habit de lumière, me glisse-t-elle à l'oreille, c'était pour effacer ton chagrin.

*

– Et alors ? demande mémé.
– Alors quoi ?
– Tout !
– Tout quoi ?
– Tout Maurice !
– Ah !
Silence.
– Trou de mémoire ? plaisante l'intéressé.
Le contraire... Abondance de mémoire ! Torrent de mémoire ! Foule de souvenirs qui galopent, se bousculent, se montent dessus comme un troupeau lâché en pleine liberté, si riche, si puissant, que je ne sais par quel bout le prendre...
– Moi, je sais.
Tybert vient à mon aide, et tout le monde le regarde :
– Mon premier souvenir de Maurice, dit-il gravement, remonte à ce matin de juin où tu as dit à nos garçons (ils étaient encore petits) : « Je vais voir Maurice Chevalier », je m'en souviens parce que François t'a demandé : « Le VRAI ? », et que ça m'a beaucoup amusé ! Puis il y a eu le dîner à la maison avec un poème sur chaque assiette...
Oui, tout ça est exact, mais Tybert commence par la fin ; nos garçons (Tybert les a toujours considérés comme les siens), le dîner, les poèmes, c'était en 1968 ! Il y a eu bien des choses avant...
– Nous t'écoutons, dit le chat.

D'abord le jardin au bord de la Loire, le baiser refusé...

Là, j'ai bien cru que Maurice ne voudrait jamais me revoir. Crime de lèse-majesté. Offense au Roi. Bannissement de la Cour.

C'était bien mal le connaître.

Huit jours plus tard, nous étions invités à déjeuner à *La Louque*.

Jambon Marquise* et Preston Sturges.

Preston Sturges était un homme exquis, d'une courtoisie, d'un raffinement extrêmes, et d'une élégance inoubliable. En le regardant on croyait voir Hollywood.

Mais, attention : Hollywood d'autrefois, Hollywood du temps des grosses caméras et des premiers micros, Hollywood féodal et mythique en noir et blanc.

Un bonheur que ce déjeuner ! Les deux hommes avaient tant de choses à se dire, et nous tant de choses à écouter !

Preston Sturges se leva en même temps que nous pour partir mais, avant qu'il ne monte dans sa voiture, une anglaise à carrosserie cannée, jaune et noire, avec des roues à rayons et de larges marchepieds, qui semblait venir tout droit de Sunset Boulevard, nous restâmes longtemps, tous les trois, à parler de Maurice. Et, dans les années qui suivirent, il y eut souvent, à la sortie d'un déjeuner à *La Louque*, de ces conversations entre convives, sortes de *debriefings*, où de nouveaux arrivés dans la vie du maître de maison

* Délicieuse friandise Grand Siècle, chef-d'œuvre des orfèvres en charcuterie, le jambon Marquise est, hélas ! une espèce en voie de disparition.

avaient besoin de parler de lui. De s'assurer qu'il était bien tel qu'ils venaient de le voir. Il faut dire que Maurice était surprenant. Cet homme – un des plus célèbres du monde – ne parlait que de s'améliorer, de se perfectionner, d'apprendre. Il avait gardé devant la vie la curiosité et l'émerveillement d'un enfant.

– J'apprends l'italien, le solfège, le jerk, le twist, l'espagnol ! disait-il à ses convives sidérés.

Quand il était à Paris, il voyait toutes les pièces, tous les films, toutes les expositions ; il encourageait les débutants, respectait les anciens, découvrait les futures gloires du music-hall.

Et donnait des déjeuners !

– Il est vraiment comme ça ? nous demanda un jour Jacques Tati, perplexe, en sortant de *La Louque*.

Oui, il était vraiment comme ça, et ses déjeuners étaient vraiment bons, ce qui ne cadrait pas avec certaines idées reçues et une partie de sa légende.

– Légende ? demande Chrysis.

– Elle date du jour où Douglas Fairbanks m'a jeté tout habillé dans sa piscine. C'était en 1926, à Hollywood.

Fairbanks – qu'il avait baptisé son *american best pote* – avait été sidéré que Maurice n'apprécie pas de perdre sa première montre en platine, son costume de flanelle londonien...

– ... et mes chaussures en daim Mac Affee ! Il me disait : « *Maurice, you have no sense of humour !* »

Quand on est le fils de la Louque, on a du mal à passer de la misère au gâchis. Et c'était bien ce qu'on lui reprochait, à Maurice, son refus du gâchis. Car, en ce qui concerne la générosité, nous savions quels dons il avait faits aux vieux artistes, à commencer par sa propriété de *La Bocca*, dans le Midi, et nous l'avions souvent vu, de nos yeux, ouvrir son portefeuille pour des camarades malheureux...

– Arrête ! ça devient édifiant !

Je retrouve cet œil bleu froid qui me terrorisa à la veille du tournage en 1968.

– Dis plutôt que nous étions devenus amis !

Oui. Et c'était formidable. Ahurissant parfois. Traverser une rue, s'asseoir à une table de restaurant, une terrasse de café, ou, pis, arriver à l'Olympia avec lui, le choc !

On s'écrivait quand il partait pour une tournée à travers le monde ou pour un film. Il nous annonçait toujours son retour, on allait le voir très vite... et on parlait !

Je me tais, et le silence règne sur la plaine de fleurs, l'océan gracieux et l'infini parfait. Puis mémé reprend la parole, et avoue, presque déçue :

– Je dois reconnaître que, dans tout ça, il n'y a pas de quoi...

– ... fouetter un chat, dit le chat.

– C'est après que ça se corse ! promet Maurice qui se lève, joyeux. Ne raconte rien avant mon retour, me fait-il promettre. Je dois partir, c'est l'heure de ma leçon de danse.

Claquettes. Avec Gene et Fred. Apprendre !

– Mais alors, vous travaillez toujours, Maurice ?

– Heureusement ! Je ne pourrais pas vivre sans ça !

*

Je n'ai eu aucun mal à tenir ma promesse, car je me suis retrouvée dans la paix de la datcha.

J'avais besoin de me réfugier dans mon sanctuaire de bois et de papier pour y voir clair. Il me fallait faire le point. Revoir mes listes sous l'œil bienveillant de mes lares et de mes pénates.

J'ai placé côte à côte le pot de la fileuse *n° 76*, qui fut celui de mon arrière-grand-mère Pauline, la mère de Félix, la plaque de soldat de Georges Clauzel *6349*, le bracelet de métal qu'il avait au bras le 21 mai 1916, et le livre des Psaumes de mon aïeul*, galérien pour la Foi :

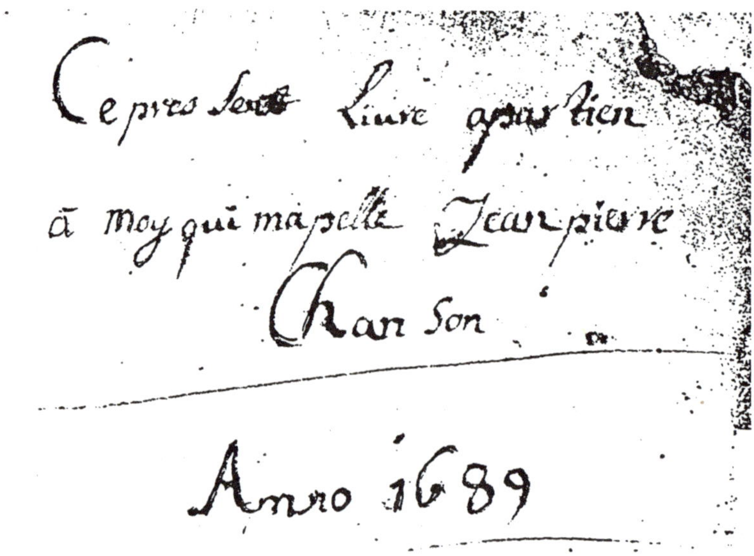

* L'orthographe du nom de la famille de mon père varia au cours des siècles avant de se fixer à Chamson.

Du pot de faïence d'Anduze, verte et brillante, qui porte le chiffre septante-six, jaillit la branche des Mazauric, humbles découvreurs de science et de savoir, mais toujours fidèles aux chèvres et aux vers à soie. Comme dans les *Mille et Une Nuits*, il me suffit de frotter doucement ses flancs vernissés pour que bergères, bûcherons, laboureurs, fileuses et gens des mas répondent à mon appel.

La plaque du soldat numéro *6349*, elle, parle de cette chose que l'on ose à peine nommer aujourd'hui : l'amour de la patrie.

Il paraît que ça fait ringard.

Pire : raciste.

J'assume.

Quant au livre des Psaumes, il fit entrer l'Éternel chez les miens et leur donna la force de résister au pouvoir humain.

Il nous fit aussi un autre cadeau en nous léguant le respect de la liberté de conscience. Cette liberté invisible que mon père nommait : la liberté des libertés.

*

Je suis née de ce qui les fit vivre, je suis née de leurs sacrifices. C'est pour moi, avant même de savoir que j'existerais un jour, c'est pour moi que Pauline partait à la Fabrique où grouillaient les vers à soie, dans les aubes pâles de l'hiver cévenol ; c'est pour moi que Georges est mort à vingt-deux ans ; c'est pour moi que mon ancêtre galérien rama sur la *Superbe* sans jamais abjurer.

J'ai envie de leur dire merci, j'ai envie de les voir,

de les serrer dans mes bras comme j'ai serré Georges contre mon cœur en le découvrant, fantassin bleu, près de l'assiette de merveilles...

Mais on ne part pas pour goûter chez Dieu comme on prend le train après avoir composté son billet...

Mon portable sonne. Un exubérant veut me vendre la cuisine de l'avenir ! Non ? Alors il faut qu'il me voie ! dit-il. Pour me convaincre ! assure-t-il. Non ? Je le regretterai ! prédit-il. Tant pis !

J'ai remis du bois dans le feu. Quel cinéma, le feu ! C'est comme l'océan. On ne sait jamais ce qu'il va vous dire. L'incandescence est un gouffre. J'y plonge.

*

J'ai dû atterrir ailleurs...

Je suis dans une vallée, en altitude. Il fait beau. L'air est vif, le ciel bleu. Je ne suis pas dans les Cévennes, c'est sûr. Les Alpes peut-être ?

Il y a un homme qui vient vers moi...

On se regarde.

Indécis.

On se connaît. Mais d'où ? De quand ?

On se sourit.

– Gianpiero, dit-il en s'inclinant, et je sais qui il est !

Albergo Miravale. Été 1955, Val d'Aoste. Nous avions choisi cet hôtel parce que Louis tournait dans *La Meilleure Part*, que, deux ou trois fois dans l'espace d'un mois, il devait se rendre à Modane et que c'était juste de l'autre côté des Alpes.

Nous arrivâmes un soir, et le temps d'ouvrir nos valises et de faire un peu de toilette, c'était l'heure du dîner. L'heure la plus favorable pour faire connaissance.

Nous entrâmes dans la salle à manger avec un peu de retard, et fûmes accueillis par le maître d'hôtel avec autant de somptuosité que s'il avait reçu Charles Quint. Il nous guida jusqu'à une table fleurie de gentianes, à l'autre bout de la pièce. Ces promenades à travers la curiosité sont toujours éprouvantes et, ce soir-là, la curiosité était à son comble car, la suite devait nous le prouver, ces gens s'ennuyaient tous à périr.

C'est pendant cette traversée de la salle à manger que je vis Gianpiero. Ou plutôt que je vis le regard qu'il posait sur moi. Il était seul avec une femme très belle. Quand je fus assise, je vis qu'il me regardait toujours. Et toujours de la même façon. Quelle façon ? Toute femme pourrait vous le dire. Il y a des regards qui ne trompent pas. Je fus aussitôt de très bonne humeur, et j'avalai sans défaillance *minestrone*, *antipasti*, *porcine* et *gelati*.

À la verveine, dans le salon alpin, il m'avait déjà attaquée. Dans un français si joli qu'il eût été grossier de ne pas y répondre.

– Vous êtes une dame complètement charmante et énormément élégante, dit-il.

– Assieds-toi, répondit mon mari.

Il faut dire que Gianpiero avait neuf ans et que, peut-être, s'il avait eu une dizaine d'années de plus, l'invitation eût été moins chaleureuse.

Gianpiero s'assit, et il y eut un grand silence. On

s'observait tous les trois. Gianpiero était d'une beauté antique. Blond comme dut l'être Alcibiade. Grave et digne comme un personnage de tragédie, et c'était nous, les grandes personnes, qui étions intimidées.

Au bout d'un long moment, il dit :

– Vous êtes français ?

Oui, nous étions français. Il sourit et nous confia qu'il l'avait deviné tout de suite, dès qu'il nous avait vus avec Michelangelo (Michelangelo, c'était le maître d'hôtel de Charles Quint). Et ça lui avait fait plaisir parce qu'il savait que Paris était une belle ville. Lui était de Bergamo. Sa maman, la dame qui était avec lui, y avait une maison de couture.

– Je m'intéresse beaucoup aux femmes, nous avoua-t-il gravement.

C'était vrai. Je pus le constater quand, Louis parti de l'autre côté des Alpes, je me trouvai seule à l'*Albergo Miravale*. La guerre était finie depuis dix ans, mais on la sentait encore proche, brouillard non dissipé, dans cet hôtel planté dans la montagne, au milieu des sapins et des mélèzes, cet hôtel où personne ne s'amusait vraiment. Des familles italiennes un peu tristes, de merveilleux Anglais qui ouvraient toujours la fenêtre dans votre dos quand la soirée commençait à être fraîche, une énorme dame de Milan qui était député. D'ailleurs tout le monde avait un titre à *Miravale*. *Honorevole, dottore, professore, marchesa, maestro, egregio signore.* Il y avait aussi une superbe veuve égyptienne qui parlait neuf langues à la perfection, des jeunes filles en fleurs comme du côté de chez Marcel, et c'était bien une atmosphère proustienne que celle de ce vaste hôtel bon genre et fané, avec ses ascenseurs à grilles de cuivre, son linge brodé avant 14, ses longs couloirs aux tapis épais où, la nuit, nous étions horrifiés de voir la femme de chambre d'étage, robe noire, tablier de linon, diadème amidonné sur la tête, dormant sur une chaise où elle devait attendre d'improbables coups de sonnette jusqu'au jour.

– Vous quittiez vos chaussures pour ne pas la réveiller ! dit Gianpiero.

– Comment le sais-tu ?

– Je vous guettais !

Ça nous fait rire. Mais le rire se brise devant l'évidence et je demande :

– Depuis quand es-tu là, Gianpiero ?

– Je viens d'arriver ! Je suis seulement en visite ! Mais vous ?

Sa voix est inquiète et il est heureux d'apprendre que, moi aussi, je suis en visite.

Nous suivons gaiement le ruisseau que nous suivions quand nous allions ramasser des framboises, en cet été de 1955 lorsque, petit garçon, il se fit mon chevalier.

Il ne me quittait pas. Il ne partait jamais se promener avant que je ne sois descendue, n'allait jamais s'amuser avec les enfants de son âge qui, eux, le suivaient timidement avec une admiration débordante. Il avançait ma chaise, ramassait mon foulard, retrouvait mes lunettes de soleil, me portait mon thé à 5 heures, me proposait une partie de dames, une partie de cartes, une promenade au bord de ce ruisseau que nous suivons maintenant, alourdis du poids de la vie. Enrichis, peut-être ?

J'ai trois enfants. Il en a quatre !

J'ai cinq petits-enfants. Il aura son premier dans trois mois ! Sa femme s'appelle Ingrid, elle est suédoise et violoniste. C'est leur fille aînée. Isabelle, qui va avoir un bébé.

– Ta maman ?

C'est pour elle qu'il est là, il voulait lui annoncer le bébé... On lui a dit qu'il ne pouvait pas la voir. Pas encore. Plus tard. Quand le jour et l'heure seront révélés.

Je lui tends la main, il la serre dans la sienne, et nous perdons chacun plus de quarante ans. Il n'y a, au bord du ruisseau, qu'une jeune femme et un petit garçon qui lui dit ce qu'il lui a dit autrefois :

– *Odio Giulio Cesare !*

Un petit garçon qui m'explique pourquoi il déteste *questo generale imbecile* ! Parce qu'il a osé dire que les Gaulois étaient des barbares, et ça le révolte qu'il ait osé dire ça d'une Gauloise comme moi !

Cher Gianpiero, comme il a eu peur le soir où Louis devait rentrer avant le dîner, et où il n'arrivait pas. À 9 heures il n'était pas là. À 9 h 30, je commençais à paniquer. À 10 heures, tout l'hôtel attendait. Un drame en perspective, quelle aubaine ! Debout à mes côtés sur le perron, Gianpiero ne m'avait pas quittée, tenant ma main, il scrutait avec moi le trou d'ombre de la nuit. Quand, enfin, la voiture s'arrêta devant le perron et que Louis en sortit, il était rentré dans le salon et avait annoncé gravement à la compagnie : « *Ecco il marito !* »

– Et le jour où je me suis fâché parce que vous ne vouliez pas m'emmener à Paris vivre avec vous ? Le jour où vous m'avez empêché de jouer Mucius Scevola ? Vous avez oublié ? J'avais préparé les braises et j'allais y poser les mains !

Non, je n'ai pas oublié. Nous étions épouvantés, terrifiés par ce petit garçon à l'âme trop romaine.

– Que fais-tu dans la vie, Gianpiero ?

– J'écris des livres, dit le petit garçon.

Éclats de rire.

– Sur l'histoire romaine, précise-t-il. Je suis *professore*.

Éclats de rire.

– ... mais je la revisite. On peut dire ça, en français, « je la revisite » ?

On peut.

Pas étonnant qu'il soit là. Lui aussi est ce qu'en provençal on appelle un *pantailleur*. Quelqu'un qui laisse son esprit voguer, vaguer, divaguer, rêver. Quelqu'un qui *pantaille*, quoi ! Le mot chante lui-même son sens.

– Tu es déjà venu ici ?

– Non. Enfin, je ne crois pas... Souvent je m'évade... et je ne sais plus très bien où est la réalité.

Je connais ça. Légère ivresse qui n'a pas besoin d'alcool pour éclore. C'est elle qui permet de franchir les portes du Temps, de sentir la présence des êtres invisibles, des hôtes transparents de la Terre ou d'ailleurs, et d'entrer en osmose avec les mystères de la Création.

– En 2002, le dernier jour de septembre et le

premier jour d'octobre, j'ai vécu sur une île qui n'existait pas.

– *Davvero ?* demande le *professore*.

– Enfin une île qui n'existe plus, et qui n'existait pas avant d'être plantée sur le lac de Neuchâtel par la Radio Suisse Romande.

– Plantée ?

– Oui. Ce n'était pas une île de terre, mais une île de bois, de fer, de verre et de métal, née de l'imagination des hommes. Elle était à la fois fixe et flottante sur les eaux...

– Et elle servait à quoi ?

– Apparemment à faire de la radio, mais sa vraie mission c'était de rêver, et de faire rêver.

– Et la Gauloise a rêvé ?

– Follement. C'est même là que j'ai commencé le voyage...

Oui, dès le coup de fil d'Imelda me demandant si je voulais participer à l'expérience : vivre seule quarante-huit heures sur une île artificielle, sans montre, sans télévision, sans téléphone... pardon ! avec un téléphone qui n'avait qu'un seul numéro sur son cadran : celui du contact avec la RSR, le numéro 1. J'ai su tout de suite pourquoi je disais oui à Imelda. Nous avions fait tant d'émissions ensemble au temps où vivait encore Marie-Claude Leburgue. Merveilleuse Marie-Claude ! A-t-on pleuré, ri, parlé, partagé le pain, le vin, l'amitié ! À chaque livre qui sortait on se voyait à Genève ou à Lausanne, et c'était le bonheur autour du micro.

– J'ai dit oui. Je savais que, dans cette solitude, j'avais rendez-vous avec l'inconnu. J'en ai eu confirmation en roulant avec Imelda vers le rivage où j'allais embarquer. Nous traversâmes une forêt. Une forêt que je connaissais depuis l'enfance. La forêt des contes. Il me semblait que les arbres et les broussailles s'écartaient devant nous, que la nature m'octroyait la permission de monter à bord de la nacelle qui allait m'emporter sur l'île...

– Et puis ?

– Et puis, sur le rivage, des hommes joyeux nous attendaient en compagnie de Damirbek Saipbaev qui revenait de l'Île. Damir enseigne le français à l'université d'Aravan, au Kurdistan... J'ai toujours le cœur qui bat très fort quand je croise des étrangers qui consacrent leur vie à faire connaître notre langue. Damirbek était grand, mince, et, ses yeux, je les avais rencontrés dans les *Mille et Une Nuits*.

– Ensuite ?

– Ensuite je suis montée à bord du canot, entourée d'anges gardiens m'expliquant ce qui m'attendait sur l'Île...

– ... ?

– L'inconnu absolu. Oui, malgré les conseils de logistique et de pratique, malgré les consignes radio de Michel Kocher, malgré le chocolat noir qu'ils avaient oublié et me déposeraient le soir, sans un mot, sur la plage, devant la cuisine, ce qui m'attendait c'était l'inconnu absolu.

– Et alors ?

– Et alors ils sont partis, me laissant sur cet étrange radeau, aménagé comme la très belle suite d'un très bel hôtel suisse, avec des victuailles pour soutenir un siège, une montre-alarme, une ceinture de sauvetage, des fusées de détresse, un énorme sablier et, surtout, ce paysage d'eaux tranquilles, ce ciel immense, ces rivages lointains...

Je me tais car c'est ce que je vois devant moi, et le léger balancement que je sens sous mes pieds me prouve que je suis revenue sur l'île qui n'existe plus.

– Regarde, Gianpiero !

Je me retourne pour lui prendre la main et lui montrer la gloire du coucher de soleil sur le lac, mais Gianpiero a disparu. Je suis seule sur mon île.

C'est la règle.

On doit être seul sur l'île.

Seul, mais pas abandonné.

Du rivage on surveille l'insulaire. On guette ses appels, on organise ses interventions sur la chaîne (j'en ai fait douze en quarante-huit heures !). Si un bateau s'approche de l'île, aussitôt le téléphone sonne. La ligne n° 1. La seule.

Et justement elle sonne.

Je décroche. Je sais qui m'appelle.

C'est Marie-Claude.

Elle est désolée de ne pas m'avoir accueillie, elle fait un reportage dans la Vallée des Rois.

– Une chaleur ! tu n'imagines pas ! Heureusement je suis bien avec les autorités !

– Moubarak ?

– Non, Ramsès ! Je te quitte, ma chérie, il est prêt. On va enregistrer !

*

Le soleil est maintenant couché. La nuit tombe ; un bateau illuminé passe au loin, tracté par la musique de Wagner ; les lumières de Neuchâtel s'allument peu à peu ; les canards dorment sous le scintillement de la Grande Ourse. Je ferme les yeux et la nuit s'efface comme elle est venue. J'ouvre les yeux... Il n'y a plus, maintenant, autour de l'île, qu'un épais brouillard, immaculé comme de la neige fraîche. Indéchiffrable.

Une obscurité blanche.

Quel cadeau que ce séjour sur l'île !

À son bord j'ai vu disparaître ce qui nous empêche d'aller droit à l'essentiel.

À son bord j'ai pu penser. Réfléchir. Imaginer. Méditer. Rêver.

J'ai même pu constater la différence entre le rêve né du sommeil et le rêve éveillé, celui où l'imagination se déploie, se développe comme ces minuscules fleurs japonaises qui déplient leurs voiles de pourpre et de safran, pétales chatoyants qui ne peuvent éclore qu'au contact de l'eau. Mais le rêve, qu'on le ramasse au creux de la nuit ou de la veille, ce rêve à deux têtes que je connus sur l'île, ce rêve n'a rien à voir avec ce que je découvre au cours de mes visites sur la plaine de fleurs, sur l'océan gracieux, là où je fus ravie en esprit...

– Bien sûr ! sur la plaine de fleurs, le Passé et l'Avenir viennent à toi ! Quand tu étais sur cette île, c'est toi qui allais au-devant de l'Inconnu !

Félix. Nemausus. Mon grand-père.

Il est là. Près de moi. Sur cette île qui n'existe plus.

– Comment : qui n'existe plus ? Elle est dans ta mémoire, elle ne risque pas de disparaître ! Vous avez du reste une formule pour ça, voyons... : sauvegarder la mémoire ? Hein ? Disque dur ?

Je l'adore, mon divin pépé ! Sous toutes ses formes ! En habit, comme le soir du 7 juin 1914 où je l'invitai à dîner à Rome, *Casina Valadier* ; en veston de cheviotte assorti au gilet à col châle comme sur la couverture du livre que je lui ai consacré, et, aujourd'hui, en tenue de spéléologue, lumière au front comme autrefois quand il descendait dans les gouffres, les spelunques, les avens.

– J'ai rendez-vous avec Georges, Norbert Casteret, Robert de Joly et quelques amis pour faire une traversée souterraine pendant que vous rassemblerez vos souvenirs, Maurice Chevalier et toi. Nous avons pensé qu'il serait indécent de venir vous écouter comme s'il s'agissait d'un spectacle ! Mais ta grand-mère sera là, dit-il en éclatant de rire.

Je lui demande s'il sait où est le petit garçon que j'ai perdu en montant sur l'île...

– Le *professore* ? Une sommité ! Un homme éminent ! Ses livres font autorité en ce qui concerne l'histoire romaine ! L'Empire ! La Provincia ! Il a même écrit un livre tout à fait remarquable sur le pont du Gard ! Tu vas voir qu'un jour il aura le prix Nobel !

Félix m'aide à descendre parmi les fleurs du rivage.

– Ne t'inquiète pas pour le *professore*, tu le reverras !

*

Non seulement mémé est déjà là, mais Tybert l'accompagne. Ils sont assis tous les deux comme ces mélomanes qui arrivent très en avance à l'Opéra pour ne pas risquer de manquer une note de l'ouverture.

J'ai le trac.

– Maurice nous suit, ne t'inquiète pas, dit mémé.

– Le voilà ! dit Tybert.

Je le regarde approcher. Superbe. Élégant. Sérieux. Il s'assied et, d'un geste de la main, me fait signe de commencer.

Mon Dieu, qu'est-ce que je vais dire ? Par quel bout prendre mon récit ?

Ils attendent, et je dois avoir l'air un peu perdue car Maurice me dit :

– Détends-toi, respire, n'aie pas peur ! Allez, ferme les yeux, souviens-toi ! Fais comme si nous n'étions pas là !

*

En 1967, l'ORTF programma *Le Regret de Pierre Guilhem*, une très belle nouvelle de Joseph d'Arbaud, que j'avais adaptée pour la télévision.

Maurice vit le film, l'aima, et m'envoya une lettre si pleine d'enthousiasme que j'eus l'audace de lui demander une heure de conversation en tête à tête devant la caméra.

– D'accord ! avait-il dit en posant sa main sur la mienne.

En octobre 68 il devait donner une série de galas

au Théâtre des Champs-Élysées, ce serait bien de sortir notre émission juste avant.

Ce dialogue devait s'appeler *Les Grandes Confidences* et inaugurerait une série d'entretiens. Giono et Genevoix, pressentis, avaient dit oui, et la chaîne avait bien voulu me donner Olivier Ricard comme réalisateur.

Olivier Ricard m'avait séduite avec son documentaire sur Marc Bernard et Nîmes où un orage terrible sur la ville m'avait rendu mon enfance au bord de la Fontaine.

La date du premier jour de tournage fut fixée. Le 29 mai 1968.

Je m'y préparais dans la joie, sans me douter que, le 20 mai 1968, mon mari allait disparaître.

Vraiment disparaître.

Personne ne savait ce qu'il était devenu. Et personne ne risquait de le savoir ! Comme personne ne risquait de savoir où était Maurice, pour la bonne raison qu'il aurait dû rentrer des États-Unis juste à ce moment-là et que, juste à ce moment-là, c'était la révolution en France.

Il n'y avait plus d'avions, de trains, d'essence, de commerces ni de bureaux de poste. Plus d'universités ni de lycées, ni même d'écoles maternelles, et le téléphone refusait de sortir de l'Hexagone parce qu'il est interdit d'interdire et qu'il faut faire l'amour et pas la guerre : mot d'ordre particulièrement agaçant quand votre mari vient justement de disparaître !

On perdait sa trace dès Orly, le soir où il n'avait pas pu embarquer. On l'avait vu monter dans un taxi pour New York, via Bruxelles, après... silence radio.

Personne, pas même son producteur, ne savait s'il avait pu atteindre les Antilles françaises pour tourner les aventures tumultueuses du *Docteur Caraïbes*.

Le soir, quand j'embrassais mes enfants dans leurs petits lits et qu'ils me demandaient : « Où il est papa ? », je ne savais que leur répondre. J'allais dans ma chambre et je pleurais.

Au creux de la nuit, j'essayais de joindre la Guadeloupe... En vain.

Jusqu'au matin où, enfin, j'entendis la voix de Louis de l'autre côté de l'Océan.

C'était le 6 juin. Dix-sept jours s'étaient écoulés depuis qu'il avait pris le taxi pour New York, via Bruxelles. Le voyage avait été effroyable mais tout allait bien, il nous envoyait mille baisers et voulait me raconter son arrivée dans l'île par la mer, sur une embarcation qui... La communication fut coupée, mais je ne pleurais plus. La joie ! Une heure plus tard je faisais sauter des crêpes pour fêter l'événement, quand le téléphone sonna de nouveau. C'était Maurice !

Il était rentré de New York en taxi, via Bruxelles, il voulait que je vienne le voir.

– Et c'est là où j'ai tellement ri quand François t'a demandé si c'était le VRAI ! dit le chat.

Oui, je me souviens. C'était ma première sortie avec ma vieille 2 CV depuis la révolution. On avait siphonné le réservoir de la voiture de Louis parce que j'avais peur de manquer d'essence... J'étais heureuse de revoir Maurice et de parler avec lui, mais triste en pensant que la date du tournage était passée...

– Il ne faut pas être triste, me dit-il, c'est une

chance ! Nous aurions tourné trop vite, alors qu'avec ce qui se passe en ce moment – où plutôt ce qui ne se passe pas – nous allons prendre le temps de parler, d'aller au fond des choses ! On tournera plus tard !

Il avait raison. Et ce fut un moment merveilleux que celui de nos rencontres, de nos longues conversations dans le salon de *La Louque*, de nos promenades dans le jardin avec le chien Soleil.

On avait le temps.

On parlait de tout.

De la France qui allait mal, de Mistinguett, de Mayol, de Colette, de la misère qu'il avait connue, d'Hollywood, de sa mère, bien sûr ! On parlait du métier, parce que, ça aussi, c'est sacré.

– Tu oublies quelque chose, dit Maurice en souriant, tu oublies les conseils que je t'ai donnés !

Les conseils ?

– Quand la révolution a été finie ! Tu sais bien : après que de Gaulle eut sifflé la fin de la récréation ! Moi je partais pour New York, toi tu partais pour la Guadeloupe, je t'ai dit : « Frédérique, quand on va retrouver son mari au milieu d'un film, il faut être très gentille ! » Tu te souviens ?

Si je me souviens ? Il m'avait terrorisée ! Il avait bien fait ! Il m'avait raconté l'arrivée de sa femme, Yvonne Vallée, débarquant à Hollywood en plein tournage et en pleine suspicion, le brouillant avec ses partenaires, lui faisant des scènes, en privé comme en public, claquant les portes... « C'est bien simple, m'avait-il dit, après notre séparation, si la Sainte Vierge m'avait demandé en mariage, j'aurais refusé ! »

Il éclate de rire. Tybert aussi. Mémé semble plus réservée.

– Avoue que j'avais raison de te mettre en garde !

Oui, il avait raison !

Ce n'était pas la première fois que je débarquais sur un tournage ; *J'avais 7 filles* m'avait déjà offert *Le Mois de septembre* mais, cette fois, *Docteur Caraïbes* c'était très loin et le silence radio des premiers jours, l'absence de contact entre l'île et la Métropole avaient creusé le gouffre et comme accru la distance. Celui ou celle qui vient rejoindre celle ou celui qui partage sa vie au milieu d'un film est toujours un corps étranger. Pas seulement aux yeux de celui ou celle qui, pour les besoins du scénario, doit donner les apparences de l'amour et former, avec celle ou celui que vous aimez, un couple passager.

Passager ? Pas toujours.

Je me revois, débarquant à l'aéroport du Raizet, et me jetant dans les bras d'un mari dont je serais immédiatement tombée amoureuse si ça n'avait été déjà fait. Je nous revois, roulant au milieu des bananiers et des cannes à sucre dans une douceur tendre et suave, débarquant dans un hôtel entièrement occupé par la production, et je revois, à peine étais-je installée dans la chambre de Louis, le défilé de créatures de rêve de tous les formats, de toutes les couleurs, me portant des fleurs d'hibiscus, des papayes, des pommes-quenettes et du lait de coco, offrandes qui dissimulaient mal une curiosité plus ou moins bienveillante...

– Aussi, quelle idée d'épouser un acteur !

– Mémé ! gronde Tybert en lui désignant Maurice d'une moustache fâchée.

Et puis, il y a tous les autres, les gens de l'équipe. On croit retrouver celui qu'on aime, on hérite de soixante-douze personnes ! La maquilleuse, l'habilleuse, l'assistant au son qui colle le micro contre sa peau avec un sparadrap, le cascadeur qui règle les combats, le réalisateur qui dispose de ses jours et de ses nuits, tous forment cette entité qui, sans être agressive, refuse l'intrusion du corps étranger.

Et, dans cette entité, il y a les femmes...

– Je t'avais prévenue, dit Maurice.

Oui. Merci. Je pensais à la pauvre Yvonne, si jolie, perdue dans cet Hollywood féodal auquel elle ne comprenait rien. Et pourtant elle était du métier, elle aurait dû savoir ! Ce qui m'a toujours sauvée en de telles circonstances c'est la fraternité qui règne entre filles d'Opéra.

– Filles d'Opéra ! Mémé s'affole.

Comment t'expliquer, mémé ? Comment t'expliquer cet état, semblable à celui de ceux qui ont fait la guerre ensemble, où l'esprit de compétition se mêle à la chaleur qui se dégage de toutes les peines partagées, de tous les espoirs, couronnés ou déçus, de toutes les traversées des déserts, et des lumières. Odeur des fards et des toiles peintes, musique des applaudissements, silence, tumulte, cœur qui bat...

Le rideau n'a pas besoin de se lever, et je n'ai pas besoin non plus d'entendre encore ce mot : « Moteur ! » Je n'en demeure pas moins, et pour toujours, fille d'Opéra.

Alors je me suis fait des amies. Ce n'est pas facile,

mais c'est possible et c'est merveilleux ! Elles m'ont appris beaucoup de choses. Je les en remercie.

Pauvre Yvonne qui restait des journées entières dans la loge de Maurice pour avoir l'œil sur lui...

Jalousie.

Définition du dictionnaire Larousse : « n. f. Chagrin, dépit de voir un autre posséder un bien qu'on voudrait pour soi. Ex : *la jalousie le tourmente*. Crainte que la personne aimée ne s'attache à une autre... »

Ah ! Ah !

Et enfin : « Persienne formée d'une série de planchettes enfilées sur des chaînettes et dont l'angle peut être modifié. »

Chère langue française ! Comme il doit être difficile de l'enseigner au Kurdistan !

– En tout cas, dit Tybert, il y en a eu beaucoup, des filles d'Opéra, qui sont venues à la maison, et elles ont toujours été gentilles avec moi et avec les enfants !

C'est vrai. Et ce qui m'empêchait d'être trop pesante, c'est que nos nuits sous les Tropiques étaient rassurantes parce que affolantes, et que mes journées solitaires, loin des lieux de tournage, étaient consacrées à la préparation de mon émission avec Maurice.

J'avais épinglé sur le mur de notre chambre son itinéraire à travers les deux Amériques ; je recevais des lettres de lui de Rio, de Panamá, de Mexico. Il voulait rôder à travers le Nouveau Monde ce qu'il chanterait, pour ses quatre-vingts ans, à Paris, au

Théâtre des Champs-Élysées. Pour ses adieux. C'était ça, la série de galas.

Ses adieux.

J'avais du mal à y croire...

La date de notre tournage avait été reportée en septembre. Juste avant le début des représentations.

*

Je m'étais liée d'amitié avec une délicieuse poétesse guadeloupéenne, Florette Morand. Elle me racontait son île, et nous allions nous baigner au milieu des requins, dans les vagues tumultueuses de la Pointe des Châteaux, en récitant des poèmes. Elle m'emmenait partout, de la Soufrière au Mont Sans Toucher ; me montrait du rivage une île au loin, *la Désirade, ma colombe, ma blanche rade*, et toujours les poèmes nous suivaient comme des oiseaux.

Un jour elle me récita des vers d'Anna de Noailles que je ne connaissais pas :

Je n'ai besoin que de toi
Qui n'a besoin de personne !

Non ? Ça ne me rappelait rien ?

Rien.

Elle m'en dit d'autres :

Quand je t'ai raconté l'histoire
De mon amour grave, inquiet,
J'ai pensé que je t'effrayais,
J'ai cru que tu n'y pourrais croire.

Mais sans honte, sans peur, sans gloire,
Tu m'as dit que tu me croyais.

– Et vous ne devinez pas pour qui elle les a écrits, ces vers ? me demande-t-elle.

Non, vraiment je ne sais pas.

C'est pour Maurice Chevalier quand il jouait *Dédé* ! Elle y allait tous les soirs ! Elle était folle de lui !

Et moi j'étais folle de joie de faire cette découverte sans me douter qu'elle allait risquer de compromettre tous mes projets avec Maurice.

*

– « Heureux vous retrouver pour travail. Serai Orly mardi 20 h 30. Affections... »

La voix féminine qui me téléphone de la poste le texte du télégramme a un joyeux accent du Midi.

– Et devinez de qui il est signé, ce télégramme ! Maurice Chevalier !

Elle a l'air aussi contente que si le télégramme lui était adressé.

– Ça vous fait plaisir ? demande-t-elle, avant d'ajouter : Parce qu'à moi oui !

*

Mardi 20 h 30. Orly.

J'étais allée attendre Maurice en compagnie de Robert Manuel, de Claudine Coster, et des Paquet qui vivaient avec lui à *La Louque* depuis des années.

– On se met au travail dès demain matin ! me dit-il à peine débarqué.

Pas de *jet lag*, pas de repos après le voyage. En scène !

Nous avions une quinzaine de jours devant nous ; il fallait profiter de chaque instant car l'ORTF ne nous avait accordé que deux jours de tournage.

Alors on travailla.

De nouveau, intarissable, passionnant, il me parle de sa mère, du métier, de tout. En vrac. Il me parle de sa rencontre avec la Miss : « Vous, mon petit Chevalier, vous réussirez parce que vous avez une belle petite gueule ! » Il me parle de leur premier baiser au cœur d'un tapis où on les avait roulés pour la mise en scène, au pied de l'escalier du Casino de Paris. Il me parle de Colette avec vénération. Elle était la vedette de la tournée de Caf' Conc' où il jouait un petit rôle ; il était tombé amoureux de cette étrange femme aux yeux de chat... Il avait quatorze ans.

Il n'osa avouer ce *béguin* (mot d'époque !) qu'à la vieille dame impotente et illustre, quarante ans plus tard.

Un peu de tristesse avait assombri les beaux yeux de chat, Colette avait dit à son mari :

– Tu vois c'est maintenant qu'il me le dit ! Quel dommage !

Maurice rit à ses souvenirs.

Je lui demande :

– Et Anna de Noailles ?

– Anna de Noailles ? répète-t-il.

– *Je n'ai besoin que de toi*
Qui n'a besoin de personne...

« Il paraît qu'elle était folle de vous, qu'elle assista à toutes les représentations de *Dédé*, qu'elle écrivit, pour vous, *Le Poème de l'Amour*...

Il me regarde avec stupéfaction.

– Mais comment le savez-vous ? Je croyais que personne n'était au courant pour le poème ! Anna de Noailles... Mon Dieu, c'est vrai, elle était là tous les soirs, seule, tous les soirs...

J'imagine dans l'ombre de la salle la princesse Brancovan, tissée de soies, de bijoux, de parfums et de fleurs, assistant à la pièce qu'elle connaît par cœur, écoutant, représentation après représentation : *Pour bien réussir dans la chaussure !* et *Dans la vie faut pas s'en faire ! Moi je n'm'en fais pas !...* une poésie très éloignée de la sienne, les yeux – très beaux aussi, les yeux de la princesse ! – les yeux fixés sur ce jeune homme qui chante, danse, joue, rit, s'amuse sur scène et devient le bien-aimé de Paris, comme il deviendra le bien-aimé d'Hollywood, quelques années plus tard.

– Mais, vous savez, poursuit Maurice, pour moi elle ne représentait rien ! À ce moment-là je n'avais lu aucun de ses vers ! Son *Poème de l'Amour* m'avait terrifié ! C'était trop ! Vous en connaissez, vous, des vers d'Anna de Noailles ?

Évidemment il a eu droit à « *J'ai vu Constantinople étant petite fille, je m'en souviens un peu* », il a eu droit aux *Pavés du Roi*, à « *J'écris pour vous, ô jeunes hommes !* » J'étais lancée. Il m'a interrompue sur les chemins *parfumés de trèfle et d'armoise* avec un brin de mélancolie :

– Vous avez de la chance qu'on vous ait appris

tout ça. Moi, je ne savais rien, je n'avais aucune idée de ce qu'elle était ! Parfois, entourée d'amis, elle venait jusqu'à ma loge... exquise... J'aurais dû comprendre... Son poème était clair ! J'aurais dû... D'autant plus qu'elle était encore très baisable !

Et c'est la catastrophe !

Il devient blême, le regard des yeux bleu froid est insoutenable. Il se lève comme s'il allait me jeter dehors.

– Vous vous rendez compte ? Non mais, vous vous rendez compte de ce que vous me faites dire ? Vous me faites dire de ce grand poète, de cette femme admirable, qu'elle ÉTAIT ENCORE TRÈS BAISABLE ! Imaginez que j'aie lâché ça devant le public ! Quelle honte ! Quel déshonneur ! Anna de Noailles... *encore très baisable* ! Je ne me le serais jamais pardonné ! Et à vous non plus !... Qu'est-ce que vous faites ? Vous partez ?

Je partais parce que je sentais qu'il avait peur, et qu'il avait peur parce qu'il n'avait plus confiance en moi.

Il me rattrapa, me fit asseoir près de lui. Il souriait. Plus de froid dans les yeux.

– J'ai peur de me confier à vous, c'est vrai, dit-il. Mais c'est parce que j'ai confiance que j'ai peur !

*

20 h 30. Orly. Louis arrive de Pointe-à-Pitre. Joie. Des enfants. De Tybert. De *Coin Perdu*.

Ma joie.

Elle est de courte durée. Louis repart deux jours

après pour Bruxelles où il va jouer sa pièce *La Vie sentimentale* au Théâtre des Galeries, avant de l'enregistrer pour la télévision. Il reviendra dans deux mois.

Mémé s'agite :

– Comment voulez-vous qu'un ménage marche dans ces conditions !

– Tais-toi ! dit Tybert, et écoute !

*

Le début de notre tournage fut désastreux. Un projecteur éclata, le groupe électrogène explosa, un tulle prit feu, le travelling dérailla, et j'en oublie ! Sept fois Olivier Ricard dit : « Moteur ! », sept fois je dis : « Nous sommes à *La Louque*, chez Maurice Chevalier... » C'était horrible ! J'aurais voulu être en train de garder les chèvres sur les pentes de l'Aigoual ! J'aurais voulu me consacrer à l'éducation du ver à soie comme mon aïeule Pauline... mais la septième prise était la bonne.

Si bonne que l'équipe applaudit.

C'est rare.

Ouf !

Pendant qu'on réglait les lumières du décor suivant, Maurice m'emmena prendre une tasse de thé dans le bureau de Félix Paquet.

Il était content.

Et lorsque Maurice était content, ça se voyait.

– Quand je pense que cette petite môme (c'était moi, la petite môme), cette petite môme voulait partir l'autre jour sous prétexte que je n'avais pas confiance en elle ! Sacrée petite môme ! Vous savez, Félix, qu'un jour j'ai voulu l'embrasser et qu'elle m'a dit non ? Oui ! Direct ! Sans ménagements ! Comme ça, dans un jardin, au bord de la Loire ! Eh bien, je crois que c'est depuis ce jour-là qu'elle est vraiment entrée dans mon cœur, parce que, moi, quand je rencontre une petite môme comme ça qui me...

Un pas pressé dans le couloir, on frappe à la porte et Jacques, l'ingénieur du son, passe son nez :

– Monsieur Chevalier, votre micro est resté ouvert et on entend tout ce que vous dites sur le plateau !

Maurice a éclaté de rire. Nous aussi. Après...

– Après, on a bien travaillé, dit-il gravement.

Gravement. C'est cette gravité, cette attente, à quatre-vingts ans, de ce que pouvait lui apporter la vie, cet humble acharnement à bien faire son métier, ce désir de mériter ce qui lui arrivait, ce qui lui arriverait encore, ce sont toutes les vertus de ce « vieux fantaisiste », comme il s'appelait lui-même, qui faisaient qu'on l'aimait au-delà des néons, des applaudissements et de sa gloire.

*

Nous avons bien travaillé, c'est vrai, mais je n'aurais jamais imaginé la déferlante qui s'abattit sur moi tandis que se déroulait encore le générique de fin des *Grandes Confidences*.

Maurice était parti roder son tour de chant à Madrid, avant le début des Adieux à Paris. Il avait vu le film en projection, l'avait aimé mais m'avait dit que tout dépendait de la réaction du partenaire essentiel : le public.

Il était deux heures du matin quand je pus raccrocher après le dernier coup de fil. Je ne dormis pas de la nuit, heureuse de me lever le lendemain matin de bonne heure pour aller accueillir Maurice au Bourget, à son retour d'Espagne.

Les Paquet étaient là, joyeux, des quotidiens et des télégrammes plein les mains. Canetti, l'agent de Maurice, m'embrassa en m'avouant :

– Je dois vous dire que j'ai tout fait pour que Maurice renonce à cette émission ! Tout ! Je me suis battu pour qu'elle n'ait pas lieu ! J'avais peur qu'une heure de conversation, sans extraits de films, sans chansons, fatigue et déconcerte son public ! Je me suis trompé... Pas lui ! Il a tenu bon ! Il avait raison !

Maurice arrivait. Du plus loin qu'il me vit, il fit le V de la victoire.

Il avait lu la presse dans l'avion...

Je lui fis quand même remarquer qu'au milieu des éloges et des fleurs, il y avait un méchant article.

– Tant mieux, me dit-il, il en faut toujours un : ça sale la soupe !

*

Et voilà, la messe était dite, *Les Grandes Confidences* étaient finies, on allait se dire au revoir...

On se dit effectivement au revoir devant la belle Chrysler bleu nuit dont le chauffeur lui ouvrait la portière.

– Vous n'êtes pas venue avec les Paquet ? me demanda-t-il.

Non, j'étais venue directement de *Coin Perdu*, avec ma vieille 2 CV.

Une lueur gamine passa dans les yeux de Maurice. Il se tourna vers les Paquet et dit :

– Tout bien réfléchi, je crois que je vais rentrer à *La Louque* en 2 CV.

Je n'osais pas lui dire non, mais j'avais encore plus peur qu'au début du tournage quand tout explosait et prenait feu autour de nous !

Ma 2 CV ! Un monstre fantaisiste et dangereux ! Imprévisible, ma 2 CV ! Vous fermiez une portière, et les trois autres s'ouvraient aussitôt. Parfois, telle la lame d'une guillotine, la vitre du passager s'abattait sans crier gare. Malheur à l'imprudent qui laissait traîner sa main sur son passage ! La méchante en avait mutilé plusieurs. Je n'allais pas la laisser s'en prendre à Maurice Chevalier !

Je lui expliquai tout et, plus je noircissais le tableau, plus il était décidé à tenter l'aventure.

Nous démarrâmes dans des hoquets furieux, la vitre s'abattit, féroce, mais il avait eu le temps de garer sa main. Je respirai. Maurice riait.

*

Je ne me souviens plus de l'itinéraire qu'on devait prendre, en 1968, pour aller du Bourget à Marnes-la-Coquette. Tout a changé, tout change encore et changera, mais ce dont je me souviens parfaitement, c'est qu'il fallait traverser le parc de Saint-Cloud.

Nous n'avions pas quitté l'aéroport que Maurice me demandait de lui raconter tous les coups de fil que j'avais reçus la veille au soir. Il n'y avait pas eu que des coups de fil, j'avais reçu une lettre.

– Déjà ! Comment est-ce possible ? De qui, la lettre ?

De Paul Guth qui l'avait écrite tout de suite, puis avait appelé un taxi pour pouvoir la déposer avant minuit à la poste de la rue du Louvre.

– Vous me l'avez amenée ?

– Bien sûr !

Nous roulions alors sur les graviers du parc *plein de roses l'été*, nous longions un bassin entouré d'allées bien tracées et de bancs de pierre...

– Lisez-la-moi ! Maintenant !

Je m'arrêtai au bord d'une charmille bien taillée. La 2 CV exprima sa réprobation par quelques convulsions, rua et péta comme un cheval indomptable, avant de m'obéir, matée.

Je lus la lettre.

Cher Paul, comme tu nous manques ! Tu n'avais ni la pudeur de tes sentiments ni la crainte de paraître ridicule quand tu aimais les gens. Certains se moquaient de toi et des superlatifs qui fleurissaient dans tes articles. Comme ils auraient ri de tes lettres ! Comme ils auraient eu tort !

Je lisais quand, soudain, l'émotion qui nous envahissait fut brisée par un coup de klaxon.

Une longue limousine battant pavillon des États-Unis s'était arrêtée contre le flanc de ma 2 CV. Une vitre électrique s'ouvrait doucement et la tête d'un homme souriant apparaissait à la portière...

– Bonjour, monsieur l'Ambassadeur, dit Maurice en le reconnaissant.

– Bonjour, monsieur Chevalier, dit l'Ambassadeur. Et surtout : bravo ! Bravo pour hier soir à la télévision ! Et bravo pour aujourd'hui ! ajouta-t-il gaiement en faisant signe à son chauffeur de démarrer.

– Je crois que cette 2 CV va me valoir une augmentation de prestige ! dit Maurice.

Puis il m'invita à déjeuner à *La Louque* le lendemain.

*

Je connaissais le chemin, j'étais venue tant de fois ! Mais, ce jour-là, le maître d'hôtel m'arrêta comme je me dirigeais vers la porte du grand salon clair ouvert sur le jardin.

– Monsieur vous attend dans son bureau du premier étage !

Le bureau du premier étage, le lieu chargé de souvenirs, sanctuaire peu fréquenté où nous avions tourné la dernière séquence.

Je n'étais pas arrivée au haut des marches que la porte s'ouvrait devant moi.

Maurice savait être solennel et, ce jour-là, tout était solennel dans le bureau, y compris la table dressée en son milieu.

Deux couverts.

– J'avais envie que nous déjeunions en tête à tête, dit-il en me faisant signe de m'asseoir.

Du haut des murs, deux reines d'Angleterre, trois présidents des États-Unis, le général de Gaulle,

Marilyn, Marlene, Mistinguett, Colette, Sacha Guitry, Charles Boyer, etc., me regardent d'un œil sévère.

Maurice attend en silence que la femme de chambre ait servi les *scampi fritti.* Je me tais aussi. Je suis intimidée. Où sont mes chèvres ? Où sont mes vers à soie tutélaires ?

Francine a tendu la main vers le seau à glace mais Maurice l'a arrêtée d'un geste. C'est lui qui versera le champagne.

Exit Francine.

Les verres sont pleins, il se tait toujours. Moi aussi. Les deux reines, les trois présidents, le général et l'armée des stars alignée sur les murs sont de plus en plus sévères.

– Voilà, dit Maurice, j'ai voulu que nous soyons seuls parce que j'ai deux choses à vous demander.

Deux choses. Je suis terrifiée.

– Je n'ai jamais déjeuné en tête à tête, ici, avec personne... sauf avec le père Carré !

Ça m'a un peu rassurée.

Un peu.

– La première chose...

C'est lui, maintenant, qui semble intimidé.

– ... la première chose, c'est que, si vous n'y voyez pas d'inconvénient, j'aimerais vous tutoyer.

Me tutoyer ? Je restai pétrifiée. Maurice Chevalier me demandait la permission de me tutoyer alors que des escadrons de voyous, de belîtres, de vilains et de ladres, des légions de marauds, faquins, butors, de pieds plats ridicules s'étaient permis de le faire sans même me consulter ! J'en étais muette !

– T'as dit oui, j'espère ! s'inquiète Tybert qui suit ça comme un feuilleton.

– Bien sûr que j'ai dit oui, mais – je profite de l'interruption pour m'adresser à Maurice – vous auriez pu me tutoyer depuis longtemps !

– Jamais ! dit-il. Il fallait que tu sois d'accord.

– Un vrai gentleman, dit Tybert en se tournant vers mémé.

Mais elle ne se laisse pas attendrir, mémé, elle ne perd pas le nord et suit son idée :

– Quelle était la deuxième chose que vous vouliez demander à ma petite-fille ?

La deuxième chose était un cadeau : un nom, un petit nom que Maurice avait trouvé pour moi, un *nick name* inédit : Riquette !

Là, mémé a éclaté de rire :

– Riquette ! Mais toutes les Frédérique du Midi sont des Riquette ! Frédériquette ! Vous ne le saviez pas ?

– Bien sûr qu'il le savait ! dit Tybert, mais il ne savait pas qu'il le savait !

Je détestais « Riquette » quand j'étais petite ; aujourd'hui, les rares amis qui m'appellent encore ainsi me font chaud au cœur, et quand je reçois une lettre de lecteur qui commence par « Chère Riquette », je suis heureuse. Mais la première fois que j'ai eu du plaisir à l'entendre, ce petit nom d'enfance détesté, c'est le 29 septembre 1968, à *La Louque*, dans le bureau du premier étage, ce bureau où j'avais eu l'honneur de succéder au père Carré pour un déjeuner en tête à tête.

Cher père Carré que je ne connaissais pas encore !

Cher père Carré qui aida Maurice dans les moments douloureux du départ, avant d'aider mon père, des années plus tard, à franchir la même frontière.

Vous l'appeliez Ami-Père, Maurice. C'est ainsi que je m'adresse toujours à lui, réunissant dans ces deux mots l'affection respectueuse et tendre que j'ai pour lui au souvenir d'un ami et d'un père perdus.

– Pas perdus ! dit Tybert, juste un peu égarés ! Pour le moment ! Comme des lunettes ! Regarde : tu as déjà retrouvé Maurice ! Et mémé ! Et même moi !

Je l'ai pris dans les bras, le beau chat tigré. Il était lourd, chaud et doux comme autrefois quand il nous aidait à vivre. Je n'avais plus envie de raconter. J'étais redevenue toute petite.

– Tu vas pas pleurer ? dit le chat.

– Tu veux manger quelque chose ? a demandé mémé, inquiète. Un peu de confiture de châtaignes ?

Maurice a posé sa main sur la mienne.

– Riquette... te souviens-tu de la petite vieille avec ses chèvres ?

Oh oui ! Je m'en souviens très bien ! Maurice m'avait invitée pour aller applaudir Annie Cordy en matinée à Bobino. Il m'avait demandé de venir déjeuner de bonne heure pour ne pas arriver en retard au théâtre. La télé de la salle à manger était ouverte, personne ne la regardait vraiment, quand, tout à coup, il y avait eu un reportage sur un couple de vieux paysans. Cévennes ? Ardèche ? Des gens de chez moi. Bien tristes, car ils avaient du mal à vivre. À survivre. Isolés. Loin de tout et surtout de leurs enfants partis à la ville, ils se demandaient ce qui les attendait si l'un des deux venait à disparaître. J'avais le cœur serré, cette ferme perdue, ces trois chèvres, ce jardin d'altitude, ce chien dévoué avec ses longues oreilles plates... Oh ! les miens, mes racines, mon cœur !... J'étais bien près des larmes et je me demandais ce que pouvait représenter ce spectacle pour le « vieux fantaisiste » de Ménilmontant quand je l'entendis dire :

– Brave petite vieille, je t'aime !

– Est-ce qu'elle est... ici ? ai-je demandé.

Bien sûr ! Elle était là, avec ses chèvres. Maurice la voyait souvent et, parfois, la Louque allait garder avec elle en tricotant des bas. Elles se comprenaient et passaient de bons moments ensemble.

« Il n'y a pas de morts ici », m'avait dit Félix lors de mon premier voyage sur la plaine de fleurs. Non, il n'y avait pas de morts, mais des êtres accomplis ou en passe de le devenir. La brave petite vieille gardait ses chèvres, la Louque l'assistait de son amitié ; Maurice répétait, apprenait, chantait ; mon divin pépé s'encordait pour explorer des couloirs d'ombre et de mystère ; Tybert ronronnait. Je me tournai vers mémé :

– Tu milites toujours, mémé ?

– Plus que jamais ! dit-elle avec feu. On croyait avoir tout gagné en 1947 quand de Gaulle vous a donné le droit de vote, mais maintenant, quand on voit ce qui se passe à travers le monde ! ce n'est pas le moment d'abandonner le combat ! Quand on veut flatter une femme, on dit : « C'est un grand monsieur ! » Quand on veut flatter un homme, on ne dit jamais : « C'est une grande dame ! »

Je vous demande pardon. Je vais encore vous parler du savon féministe de mémé... je vous prie de m'en excuser. Mais ce savon récurrent mérite de ne pas être oublié, la formule magique, prophétique, essentielle, qui était gravée dans sa pâte est également gravée en moi :

La femme doit voter.

Accomplie, mémé, comme les autres.

*

Une journaliste, au cours d'un déjeuner chez Maurice, lui demanda combien de temps nous avions mis pour préparer l'émission.

– Mais nous la préparons toujours, madame ! lui répondit-il.

– Et ça continue ! dit Tybert. C'est ça, la pensée mistralienne ! Le Temps qui détruit ne peut rien devant la Durée !

– Ce chat ! dit mémé, on devrait le décorer !

*

Silence sur la plaine de fleurs.

L'inventaire devient triste.

L'évocation de la séparation approche.

Les déjeuners étaient toujours aussi brillants, aussi gais.

Maurice me retenait souvent au moment où j'allais partir.

– Viens travailler ! disait-il.

On parlait. On parlait.

Nous n'avions plus de projet en commun, il n'avait plus besoin de moi, mais il savait que, moi, j'avais encore besoin de lui, qu'il lui restait des choses à m'apprendre, des consignes à me passer, des secrets de compagnon à me révéler.

Après le triomphe de ses Adieux, il avait pris la douloureuse décision de ne plus chanter sur scène. Renoncement cruel, masqué par une pudeur dont je fus toujours dupe.

Un jour, il me dit :

– Je souhaite m'en aller le plus gracieusement du monde...

J'avais ri. S'en aller, lui ? Lui qui était solide comme un arbre !

Je n'ai rien deviné. Pas même au cours de la visite que je lui fis sans imaginer qu'elle serait la dernière, cette visite où il me cacha tout ce qui l'assombrissait et risquait de me peiner, cette visite où il me parla longuement du partenaire essentiel : le public.

– C'est du bonheur qu'il faut lui envoyer, Riquette ! Ne l'oublie jamais !

Le plus gracieusement du monde, il me faisait don du passé et m'annonçait l'avenir. Et quand je fus happée, engloutie, ensorcelée par un projet qui devait éclairer d'une nouvelle lumière ma vie et celle de Louis, il s'en réjouit pour nous. Il avait confiance, il trouvait le titre plein de promesses :

La Demoiselle d'Avignon

*

Nemausus et ses spéléologues, Georges, Chrysis, la tante Marguerite, la belle femme de Morzine, l'enseigne de vaisseau, le *professore* et d'autres spectateurs nous entourent. Ils sont arrivés sans que je le remarque. Ils font cercle autour de nous comme pour une cérémonie. Ils sont très silencieux.

Maurice se tourne vers mémé :

– Rassurée, Jeanne ? Vous voyez, il n'était question que de cœur !

Tybert n'est pas content ; il me fait des reproches :

– T'as pas raconté le dîner à *Coin Perdu* ! Le dîner avec les poèmes ! Le dîner où Maurice et moi on a fait connaissance ! T'as oublié plein de choses !

Oublié ? Non, je n'ai rien oublié, mais je n'ai peut-être plus envie de raconter. J'ai seulement envie de dire merci.

Je voudrais faire un cadeau à Maurice.

Mais j'ai quitté la datcha sans rien dans les mains, sans rien dans les poches... j'aurais dû emporter avec moi le document que m'a envoyé Lucette, sa nièce, mon amie.

Je l'ai reçu ce matin. C'est un document très précieux. Unique. Il explique tout. Il est sa première gloire et, peut-être, la plus belle. Quel dommage de ne pas l'avoir avec moi !

– Tu as perdu quelque chose, Riquette !

Georges, charmant, me sourit et me tend un papier qu'il vient de ramasser à mes pieds.

Je le déplie avec précaution... je lis :

Certificat d'études le 19 Juin 1899

Chevalier Maurice-Auguste (Paris, 12 7bre 88)

Elève très intelligent peu appliqué sur la fin de ses études

je n'oublie pas la petite note du maître :

mère seule et malade

enfin je tends le certificat à celui qui n'a jamais cessé d'être l'enfant courageux de la Louque.

החיים

La Vie

« Pourquoi a-t-on toujours tant de joie quand on remonte tangiblement le passé ? Peut-être parce que c'est un morceau fugace d'éternité qu'on vous offre, et qu'on a la preuve, pendant un moment, que rien ne meurt, que tout existe simultanément. »

Jean DUTOURD,
Dutouriana.

Ils se marièrent, furent heureux et eurent beaucoup d'enfants !

La première grande personne, cousine d'une lointaine cousine, qui eut l'imprudence et l'impudence de me sortir cette niaiserie à la fin de *Peau d'Âne* qu'elle venait de me conter – fort mal, du reste – faillit ne jamais se remettre de la violence de ma réaction.

Il fallut arracher la malheureuse de mes mains !

Toutes griffes sorties, je pleurais, je donnais des coups de pied, je suffoquais de rage et de désespoir.

Révoltée...

J'avais cinq ans et demi, et j'avais déjà lu et relu le conte sur les genoux de la tante Marguerite.

Ma fureur avait deux sources, toutes deux essentielles.

La première était littéraire. Comment osait-on toucher à ce que l'auteur avait écrit ? Je pouvais réciter la conclusion du chef-d'œuvre ; je l'avais apprise par cœur :

Le conte de Peau d'Âne est difficile à croire,
Mais tant que dans le Monde on aura des Enfants,
Des Mères et des Mères-grands,
On en gardera la mémoire.

La deuxième était liée à un immense pressentiment. Celui de l'Amour.

Quoi ? Deux êtres, destinés l'un à l'autre par la volonté des dieux, traverseraient des déserts, des flammes, des sortilèges, des métamorphoses, des enchantements, d'interminables sommeils dans des châteaux figés par une mauvaise fée, avant de se découvrir l'un l'autre par la grâce d'un baiser et, au moment où tout commence pour eux, on réduirait leur avenir à une phrase disant que l'histoire est finie puisque tout va bien ?

Non ! Rien n'est fini, au contraire ! C'est à ce moment-là qu'il faudrait dire : « *Il était une fois...* » et je puis vous assurer que c'est au moment où j'ai giflé un beau jeune homme sur les planches du

Conservatoire et – surtout – à partir du moment où il m'a rendu la gifle, qu'il y a eu beaucoup de choses à raconter !

Plus d'un demi-siècle s'est écoulé depuis cet échange de soufflets, le conte se déroule toujours, et nous n'avons cessé d'y prendre un plaisir extrême, même quand le conte fut douloureux, noir ou cruel, car dans la joie ou dans les larmes c'était la Vie que nous partagions et cette Vie était la nôtre.

Souvent je me replonge dans les contes de fées comme dans une source. Je n'y ai jamais trouvé la phrase imbécile de la pauvre cousine, sauf dans de coupables digests destinés à abuser les petits enfants, et à la fin de *Toutes-Fourrures*, version germanique plus tardive et beaucoup moins gracieuse de ma chère *Peau d'Âne*, où Grimm écrit :

Les noces furent célébrées et ils vécurent heureux jusqu'à leur mort.

Digest.

*

Béni soit le prophète inconnu qui visita mon père pendant son sommeil et lui fit comprendre qu'il fallait ajouter un autre livre au Livre qu'il me donna dès que je fus en état de lire grâce aux pâtes à potage alphabétiques dont la tante Marguerite bourra mes jeunes années.

La Bible inévitable fut assortie des *Mille et Une Nuits*, ce qui me poussa, adolescente, à rencontrer le Coran. J'allais de lui à l'Ancien Testament, puis au Nouveau, portant un regard toujours païen mais émerveillé sur les trois religions monothéistes dont m'avait déjà longuement entretenue ma sainte patronne, Schéhérazade.

Le prophète inconnu se souvenait sans doute des incursions sarrasines autour de la Colonia Augusta. Il devait savoir que du sang maure s'était mêlé au sang grec et latin de Nemausus, au sang phénicien de Chrysis. Il voulait me faire comprendre l'avenir et me préparer à ce moment de l'Histoire du monde qui allait voir le réveil de l'Islam.

J'écoutais la belle sultane qui fut le vainqueur (il n'y a pas de féminin pour ce mot) du Commandeur des Croyants, raconter la coexistence pacifique et l'union dans la malédiction entre fidèles et infidèles :

Les poissons de quatre couleurs qui sont dans l'étang, Seigneur, sont les quatre sortes d'habitants qui vivaient dans cette ville avant l'arrivée de la cruelle magicienne : les verts étaient les musulmans ; les rouges, les Perses, adorateurs du feu ; les bleus, les chrétiens ; les jaunes, les juifs.

Poisson bleu sans baptême et à reflets changeants, mes frétillements joyeux ont souvent fait croire qu'on pouvait me pêcher et me repeindre.

Erreur. Dieu, et Lui seul, était maître de ma couleur. Je ne l'ai su que tard, mais j'ai su qui était le Prophète bien avant la plupart de mes concitoyens qui en étaient encore à Mahomet, aux mahométans et à *Travadja la Mouquère* au moment du premier choc pétrolier.

J'avais quinze ans quand Borak, le cheval ailé à visage de femme, entra pour toujours dans l'écurie de mes rêves, quand le Lotus du Terme Suprême et, arbre béni, l'olivier *qui n'est ni de l'Orient, ni de l'Occident, et dont l'huile semble s'allumer sans que le feu y touche* *, s'enracinèrent dans mon cœur.

Je lisais *La Mère du Livre* et je m'embarquais sur un tapis volant, au-dessus des eaux de l'Euphrate et du Tigre, saluant les descendants d'Abraham et d'Ismaël à qui nous devions la découverte de la cinquième corde du luth et de la troisième inégalité lunaire. Il n'était point question de turquerie, il était question de l'Orient.

*

« Nous sortons du peuple », disaient mes parents. C'était vrai, mais ils sortaient également de l'École des Chartes, ce qui faussait la donne tout en la rendant plus amusante.

Tout était contradictoire dans notre vie. Descendants du petit peuple des Cévennes, des camisards, des galériens pour la Foi et des prisonnières de la Tour de Constance, nous vivions à Versailles, chez le Roy.

C'est sur trois marches de marbre rose que je découvris le Front populaire, très exactement dans le logement de fonction de mon père, aile sud des Ministres, étage noble, appartement de Colbert où Madame – pauvre Henriette ! – se réfugia pour se reposer de ses couches et fuir le bruit et la poussière des travaux entrepris chez elle.

Ce sont les risques encourus par les enfants d'un

* Le Coran, sourate XXIV, verset 35, La Lumière.

père conservateur de Musées et d'une mère bibliothécaire et archiviste.

Plus tard, je dormis au Louvre et à Chambord. Et, pendant l'Occupation, je devais découvrir une batterie de châteaux moins illustres qui, nobles, gracieux ou austères, féodaux ou charmants, baissèrent leurs ponts-levis, levèrent leurs herses et ouvrirent grand leurs portes pour accueillir les trésors en cavale du Louvre menacé : Loc-Dieu, Loubéjac, Piquecos, La Treyne... je dormis partout chez nos rois, nos princes et leurs vassaux.

La guerre finie, la famille s'installa au-dessus du faîte des marronniers des Champs-Élysées, dans l'invraisemblable appartement dominant le musée du Petit-Palais, logement aérien que j'ai toujours cru dessiné par Jules Verne ; puis mon père fut nommé directeur général des Archives nationales et transporta ses pénates rue des Francs-Bourgeois, à l'hôtel d'Assy, sis contre l'hôtel de Clisson où, en 1572, on entendit les cloches de Saint-Germain-l'Auxerrois sonner le départ de la Saint-Barthélemy.

Je crus qu'André Chamson en avait fini avec les palais nationaux et les demeures seigneuriales, je me trompais. En 1973 l'Académie française l'élut président du Collège des conservateurs, du domaine de Chantilly, l'admirable constellation que le duc d'Aumale légua à l'Institut. Château, forêts, pièces d'eau, collections, Très Riches Heures, Régent... Il donna tout, ce prince généreux.

Veni, vidi...

À peine franchie la grille du parc enchanté, je me

mis, Monseigneur, à vous aimer de tout mon cœur républicain.

*

Mais je viens d'enjamber un demi-siècle avec mes bottes de sept lieues, je retourne à Versailles, aux trois marches de marbre rose, au Front populaire et à *Vendredi* que mon père fonda en novembre 35 avec André Viollis et Jean Guéhenno.

Vendredi, fondé sur l'initiative d'écrivains et de journalistes et dirigé par eux, Vendredi paraît.

Nourrie parmi les camarades comme le jeune Éliacin parmi les lévites du Temple, je n'avais aucun doute en ce qui concernait les lendemains qui chantent. J'étais dans le Saint des Saints et je répétais avec les grandes personnes : *« Nous faisons le serment solennel de rester unis pour désarmer et dissoudre les ligues factieuses, pour défendre et développer les libertés démocratiques et pour assurer la paix humaine. »*

Cette déclaration de foi avait remplacé les prières que mémé me faisait faire en douce quand j'étais toute petite, comme *L'Internationale* et *La Varsovienne* avaient remplacé les psaumes de David dont elle était friande. Cependant, il était bien entendu que nous restions protestants. Mais c'était plus pour embêter ceux qui ne les aimaient pas que pour faire plaisir à ceux qui l'étaient.

Vous me suivez ?

Parfois j'étais un peu dépassée par les événements, surtout depuis que je savais que je n'étais pas baptisée.

Il paraît que c'était par respect pour moi. Pour que je choisisse plus tard.

Pour le moment, les grandes personnes pensaient à ma place et ne risquaient pas de se tromper parce que, toutes, elles étaient : des intellectuels. Et les intellectuels savaient tout. Tout sur la vie, le bien, le mal, le bon, le mauvais, et ils avaient toujours raison. Parce qu'ils avaient accès au domaine de l'esprit, de la culture, de la création, des idées.

Certains se vantaient d'être incapables de prendre le train tout seuls, de conduire une voiture ou de se faire cuire un œuf.

C'était parce qu'ils étaient encore plus intelligents que les autres.

Parce qu'ils étaient vraiment des intellectuels.

« Intellectuel ». Aujourd'hui encore, le mot me donne des convulsions.

Et pourtant les ai-je aimés ces visiteurs de mon père qui venaient passer le dimanche à Versailles ! Ils s'appelaient Prévost, Nizan, Malraux, Viollis, Guilloux, Cassou, Martin-Chauffier, Wurmser, Guéhenno, Saint-Exupéry...

Ils étaient des écrivains et je pense qu'un écrivain c'est tout autre chose qu'un intellectuel...

Je pense que c'est mieux.

Je les aimais surtout, mes écrivains, quand ils cessaient de parler politique pour parler de leur métier. Ça me faisait frémir comme s'ils m'avaient donné un lointain rendez-vous d'amour.

« Madame est servie », disait la femme de chambre, robe noire et organdi blanc, et les camarades se mettaient à table chez le Roy.

Cette saveur sucrée-salée de la vie, ces situations héroïco-comiques, ridiculo-distinguées et douces-amères devaient donner du goût à toute mon existence.

J'aime marier ce qui semble ne pas être compatible et c'est peut-être ça le sens de l'Autre et l'acceptation de la différence.

Pasternak leur avait dit, au Congrès des Écrivains antifascistes de 35 :

« Politique ? Futile, futile ! Allez dans campagne cueillir fleurs des champs ! » Ils l'avaient beaucoup applaudi mais ils ne l'avaient pas vraiment écouté, car je n'en vis aucun partir avec une boîte à herboriser en bandoulière dans le parc de Versailles. J'avais neuf ans en 36 et je ne chercherai pas à vous faire croire que je discutais avec eux comme Jésus avec les docteurs. Non. Mais je jouissais d'une grande popularité parmi mes écrivains car, le samedi, aux loisirs dirigés du lycée de Jeunes Filles, je confectionnais les petits fours qui me valurent très vite une certaine notoriété à la NRF.

Ce que j'aimais le plus chez nos visiteurs, c'est que, même quand ils discutaient, ils étaient toujours d'accord.

Les camarades.

Aussi, le dimanche où maman m'interdit sévèrement de sortir de ma chambre pour venir saluer Monsieur Gide et lui offrir mes petits fours, je sentis que quelque chose de grave était arrivé.

Je quittai mes chaussures et, en chaussettes, sans bruit, je m'en fus dans le bureau de papa et je m'assis, collée à la porte du salon, pour tâcher de comprendre ce qui se passait entre ces trois protestants.

Je savais qu'il était protestant parce que maman m'avait dit :

– André Gide est protestant comme nous.

Ce qui ne signifiait pas grand-chose puisque nous étions des protestants pas comme les autres.

Je l'adorais, Monsieur Gide ! À cause de son chuintement, de son œil très vif, de ses vêtements à carreaux, des compliments qu'il me faisait toujours sur mes friandises. À travers la porte je ne saisis pas très bien le sens de leurs propos. Monsieur Gide revenait d'URSS et, là-bas, quelque chose ne lui avait pas plu... mais quoi ?

Je ne pouvais pas comprendre qu'il était en train de demander à mon père de publier dans *Vendredi* « Retour d'URSS », mais ce que je comprenais, c'est qu'il était question d'une mort annoncée. Cette mort serait à la fois celle de *Vendredi*, celle du Front populaire et la fin des camarades.

« Peut-être l'intellectuel se désintéressera-t-il de la politique le jour où il en découvrira les limites... » devait écrire Raymond Aron en 1955, au dernier chapitre de *L'Opium des intellectuels* qu'il intitula : « Fin de l'Âge idéologique ».

Ce soir-là, après le départ de Gide, mes parents furent très tristes.

Ce n'était que le début.

Le Temple fut détruit, les lévites éparpillés, le jeune Éliacin dépouillé de ses illusions.

Pourtant je garde dans mon cœur la lumière de ces dimanches radieux où les camarades m'apprirent ce qu'étaient l'amour du peuple, de la liberté, l'horreur du racisme. Et le désintéressement.

Mais là où je les remercie encore plus, c'est pour ce qu'ils firent après l'armistice, pour ce qu'ils firent dans la douleur et la servitude, alors que tout semblait perdu, à commencer par la France.

Alors ils furent capables de prendre un train tout seuls. Avec de faux papiers.

Alors ils furent capables de conduire la nuit, sans lumière et sans guide.

Et je crois qu'ils auraient été capables de se faire cuire un œuf s'ils avaient eu la chance d'en rencontrer un. Mais les œufs avaient disparu.

Traqués, recherchés, souvent sans ressources et, parfois, ayant perdu jusqu'à l'espoir, c'est à ce moment-là que mes écrivains de chez le Roy furent fidèles au serment et à eux-mêmes.

Il n'y eut pas un seul traître parmi tous ceux qui avaient fait *Vendredi*.

Martin-Chauffier fut déporté, Nizan tué à Dunkerque en juin 40, Cassou échappa de peu à la mort, Prévost tomba au maquis du Vercors, Saint-Ex disparut dans le ciel...

Quant à Malraux et à mon père ils devaient se retrouver, au-delà des maquis, pour fonder la brigade Alsace-Lorraine et la mener plus loin que la libération de Strasbourg, jusqu'à Berchtesgaden, car les écrivains, même quand il n'est pas question d'écrire mais de faire la guerre, soignent toujours leur dernier chapitre.

Je le dis et le redirai jusqu'au bout de ma vie : il y a eu une Résistance, et pas seulement après la

Libération, comme certains voudraient nous le faire croire.

Il y a eu des lycéens fusillés, des mères de famille abattues pour avoir porté un message, des paysans déportés pour avoir voulu sauver la vie d'un petit Lévy. Des hommes et des femmes sont morts sous la torture au fond des baignoires, et les plus malheureux de tous furent ceux qui sont morts après avoir parlé. Il y a eu des héros dont on a tout oublié, même le nom. Ils ne sont pas des résistants d'après la victoire. Ils ne l'ont pas vue, la victoire, car ils l'ont payée de leur sang.

Il y a eu des salauds. Aussi.

Ils sont toujours là. Descendance de Caïn, porteurs de fiel, ils se reproduisent de génération en génération. Ce sont eux qui affirment qu'il n'y a pas eu de camps de concentration. Ce sont eux qui affirment qu'il n'y a pas eu de résistants. Ne les écoutez pas. Ce sont les menteurs de l'Histoire.

Moi, de mes jeunes yeux, j'ai vu la vérité de la France.

Et je sais aussi qu'il n'est pas vrai, qu'il n'est pas honnête, de dire que seule la gauche a défendu le pays.

Si mon père a pu établir une filière qui permit de sauver des juifs, des communistes, des républicains espagnols, des parachutistes blessés et des Allemands antinazis, c'est grâce à celui que mémé nommait tristement « le cousin de droite ».

Industriel, à la tête d'une usine de Bessèges, le cousin était vraiment de droite. Comme était vraiment de gauche l'un de ses ouvriers qui lui parla de la ferme de ses parents, sur le mont Lozère, et lui proposa d'en faire un refuge pour tous les proscrits du moment.

Invisible, comme toutes les invisibles forteresses du Bien s'opposant au Mal, la ferme du mont Lozère n'apparaissait que si on prononçait le mot de passe.

Ce mot n'était ni de droite, ni de gauche. Il était né d'une douleur partagée et d'un même amour de la liberté.

Un mot qu'aurait pu prononcer Jean Moulin, un mot qu'aurait pu prononcer Pierre Guillain de Bénouville.

Pourquoi vouloir toujours couper la France en deux ? Pourquoi vouloir supprimer la droite ou la gauche et obtenir – je cite encore Raymond Aron – *une France hémiplégique* ?

L'envahisseur aurait-il seul le pouvoir de nous faire prendre conscience de notre unité ?

*

Puisque j'ai tout perdu
Le Pont-Neuf et le Louvre...

Dans la chambre de Goethe, je me dis et redis, lèvres closes, ces vers tout nouveaux d'Aragon. C'est André Wurmser, un de nos amis communistes, un ancien de *Vendredi*, avant les révélations de Monsieur Gide sur l'URSS, qui vient de me les apprendre en 41, à Montauban. Il m'avait dit, comme dans un roman d'Alexandre Dumas, qu'ils « circulaient sous le manteau ». Et c'est le cousin de droite qui lui a appris le mot de passe, toujours comme dans un roman de Dumas, pour qu'il puisse, si besoin se faisait sentir, se rendre avec ses camarades dans la ferme du salut.

J'avais treize ans, et tout cela était encore pour moi de l'ordre du romanesque, si ce n'est – j'ose à peine l'écrire – de l'ordre du merveilleux...

Jusqu'au jour de l'arrestation de Monsieur Oppenheimer, le maître bien-aimé qui me donnait des leçons de mathématiques dans le bureau de Madame la directrice, l'indomptable Mademoiselle Soulié, « petite et sévère ». Toujours comme dans un roman de Dumas, il arrivait par un couloir obscur, franchissait une porte dérobée, soulevait une lourde tenture...

Il était affreusement laid, mais son intelligence était éblouissante et je ne voyais qu'elle. Il fut le seul homme de ma vie qui me fit aimer et comprendre la musique des nombres.

En m'apprenant son arrestation, Madame la directrice, l'indomptable Mademoiselle Soulié, éclata en sanglots sous mes yeux.

Je me sentis glacée.

Qu'avait-il fait de mal ?

Rien. Il était juif.

L'époque des *Trois Mousquetaires* était finie pour moi. J'entrai dans l'horreur.

Juif.

J'ai tout de suite compris. Je n'avais aucun mérite, mes ancêtres m'avaient préparé le cœur. Petit peuple qui, en son temps, fut, lui aussi, élu pour le martyre, grand lecteur de la Bible, explorateur passionné de l'Ancien Testament, enfants d'Abraham, nous avons toujours été très proches, dans le quotidien comme dans la prière, du Grand Dieu d'Israël.

Papa gardait pieusement une lettre que son père avait reçue d'Émile Zola le remerciant de l'avoir soutenu au moment de *J'accuse*. Mes meilleurs petits amis étaient les enfants de Jacques Kayser, neveu du capitaine Dreyfus.

Juif ?

Et alors ? Et Jésus ? Il était juif, lui aussi ! Comme les apôtres ! Comme les saintes Maries de la Mer ! Comme sa mère ! Marie, elle aussi, était juive, et non pas née à Lisieux, élevée chez les sœurs de l'Annonciation, vouée au bleu et au blanc parce que fervente catholique. C'est un scoop que les chrétiens auraient intérêt à révéler !

Gott mit uns, disait Hitler, sans penser que *Gott* avait un Fils, et que torturer ce Fils, c'était torturer le Père.

J'ai beaucoup pleuré dans la chambre de Goethe, dans ce refuge de Montauban que mon père avait appelé ainsi pour conjurer la haine et l'intolérance.

Il y a deux ans, on a posé une plaque sur la maison de la rue de la Comédie où il écrivit *Le Puits des miracles* et m'apprit des milliers de vers. Là où son exemple, celui de ma mère et de leurs amis me permirent de ne pas désespérer devant l'avenir. Des enfants qui avaient l'âge qui fut alors le mien lurent des passages écrits dans la douleur de la servitude.

« *J'attendais ce qui devait venir, comme une sentinelle. Mais le guetteur lui-même, au fond de son trou, les sens tendus sur le vide et la nuit, peut avoir ses instants de rêverie et se faire un printemps en soufflant sans bruit dans ses doigts. »*

Je me demandais, en écoutant ces voix fraîches célébrant la mémoire d'un humaniste, au milieu d'une foule paisible et émue, je me demandais si l'espoir de cette jeunesse était aussi indestructible que celui qui habitait mon cœur pendant les temps du malheur.

Petite fille privée d'Europe, coupée du reste du monde par la guerre, j'attendais la liberté comme une promesse.

On était en guerre avec Hitler, mais on ne serait jamais en guerre avec Goethe. Papa me l'avait dit. Et le monde m'appartiendrait un jour si je l'aimais assez fort pour le mériter.

J'irai partout.

Je le sais car

Plus tard un Ange, entrouvrant les portes,
Viendra ranimer, fidèle et joyeux,
Les miroirs ternis et les flammes mortes.

*

Je ne pouvais pas sombrer dans le désespoir parce qu'il y avait les vers des poètes et les tableaux du Louvre sur lesquels veillaient mes parents. Dépouillés de leurs cadres, debout comme des livres dans des montants de bois blanc, les tableaux formaient une armée immobile, fragile, menacée, mais cette armée représentait la Civilisation, comme Goethe, notre ami.

Toujours affamée, vêtue de lainages informes, détricotés et retricotés par mémé et la tante Marguerite, je regardais dans les yeux une infante de Vélasquez, un nu, un ange, un cheval ou un vieux changeur de Rembrandt aux mains pleines d'or, avant de rêver de ripailles impossibles devant une nature morte flamande.

J'avais faim.

De pain, de beurre, de poissons bleus et gras, d'oranges exotiques, de viandes rouges, de merveilles ! J'avais faim...

Et j'avais faim de la vie.

Et je l'ai eue, la vie.

Et, même si elle s'arrêtait maintenant, elle aurait été une belle vie...

Je voudrais quand même – si ce n'est pas trop demander à Qui vous savez – pouvoir finir ce livre... Et le suivant qui risque de devenir un très beau feuilleton. Et le livre que nous rêvons d'écrire, Louis, Catherine et moi : *Tant qu'il y aura des chats* sur nos petits amis à quatre pattes et un cœur.

Et ce serait bien aussi de connaître celles et ceux qui aimeront et qu'aimeront nos petits-enfants. Au fond, quand Anaïs, la dernière-née, aura vingt ans, nous ne serons qu'en 2019 ! Et, en 2019, nous n'aurons même pas atteint, et de loin, l'âge qu'avait Jeanne Calment quand elle nous a quittés !

C'est faisable.

*

Le Jour et l'Heure...

Je pense à Anne Frank qui n'a jamais eu de rides.

Je ne comprends pas.

Ni pour elle. Ni pour moi.

– Je ne comprends pas, me disait cette « enfant cachée » de soixante-dix ans, dans le temple cévenol de Bréau, lors d'une cérémonie de la mémoire, je ne comprends pas pourquoi, moi, Sarah, j'ai été sauvée et pourquoi David, mon petit frère, lui, a été déporté.

David, petit frère pour l'éternité, n'est jamais revenu des camps. Il était rentré plus tôt qu'elle à la maison. Raflé. Des voisins eurent le temps d'empêcher sa sœur d'aller vers le même destin.

Sarah pleure toujours David comme s'il venait de disparaître.

Tu le retrouveras, petite enfant septuagénaire. Tu n'es pas obligée de me croire mais, moi, je le crois.

Et cette Foi est le résultat mystérieux du travail de tous ces fils, blancs, noirs, roses, d'or, de sang et de larmes, qui tissèrent ma vie. Ma belle vie, riche en chagrins, comme toute vie, car *le plus beau de nos jours n'est que peine et tourment puis nous nous envolons.*

Mais s'envoler si tôt, comme Anne, comme David... Je ne comprends pas.

*

La guerre était finie.

Hitler était vaincu.

Mais je savais pour toujours ce que voulait dire :

Puisque j'ai tout perdu
Le Pont-Neuf et le Louvre...

J'aime tant Paris, ma ville aux cinquante-quatre portes, que, parfois, j'en rêve la nuit.

Je ne suis pas la seule. Dans son dernier livre* Jean Dutourd raconte ses promenades dans un *Paris inconnu*. Le sien.

Je lui ai dit que nous risquions de nous y rencontrer au creux d'un songe.

Il est d'accord. Il m'a simplement demandé que ce soit au XVIIe siècle.

Le Pont-Neuf et le Louvre, ça va...

*

J'étais triste, ce jour-là. Crainte de voir se déliter notre civilisation ? Peut-être. Depuis que nous avons dérobé la clef de l'Abîme, il y a de quoi s'inquiéter...

Je roulais le long de la Seine, venant de l'Ouest. La ville eut sans doute pitié de ma tristesse car, brusquement, en plein jour, sans attendre la nuit, devançant le faisceau des projecteurs, la guirlande des ampoules, le jaillissement de l'électricité, le pinceau chercheur des lasers, Paris se mit à produire sa propre lumière.

Elle montait des colonnades, elle ruisselait des pierres tout au long des quais, elle courait à fleur de Seine, elle escaladait le Sacré-Cœur, elle colorait le ciel d'un azur irréel, elle faisait briller l'or du pont

* *Dutouriana*, Plon.

Alexandre-III, elle donnait des teintes inconnues aux attelages métalliques du Grand Palais. Elle irradiait des bronzes, des vitres, des toits. Les reflets sur l'eau devenaient insupportables de beauté, le vol des oiseaux se perdait dans un éther parfait. Tout était pur.

Place de la Concorde, je levai des yeux reconnaissants vers la Chambre des députés. Et je vis un terrible spectacle : deux hommes installés sur le faîte du toit enlevaient le drapeau.

Ils n'amenaient pas les couleurs, non : ils enlevaient le drapeau.

Je fis le tour de la place. Plus de drapeau.

Les hommes avaient également disparu.

Nouveau tour. Toujours rien au-dessus de l'Assemblée nationale. Et cette lumière éclatante qui devenait maintenant dure, agressive...

Je trouvai une place miraculeuse rue du Mont-Thabor, franchis les grilles des Tuileries et m'en fus, parmi bambins et promeneurs, m'asseoir sur la terrasse dominant la Seine.

La lumière s'était éteinte, une sorte de brouillard d'opéra montait du fleuve. Je le regardais se dissiper depuis le banc de pierre d'où je surveillais le temps.

Le Temps.

Plus de bambins, plus de promeneurs.

Un homme marchait au bord de l'eau. Belle perruque sous le chapeau lourd de plumes, bas rouges bien tirés, habit élégant, flots de rubans, canons, dentelles, gants à crispins...

– Riquette ? dit-il en m'apercevant.

– Jeannot ? m'exclamai-je depuis la terrasse.

C'était Dutourd.

Il vint me rejoindre sur mon banc de pierre.

Je comprenais pourquoi il tenait au XVIIe siècle : l'habit de cour lui seyait à merveille ! Je le lui dis et j'ajoutai :

– *Il faut avouer que je n'ai jamais vu porter si haut l'élégance de l'ajustement !*

Il me fit alors un compliment du dernier galant sur la belle tournure de ma robe.

Ma robe ? Je me croyais en jeans ! Mais non ! J'étais en robe, et je la reconnus.... C'était celle que je portais 55 ans * plus tôt, au Conservatoire national d'art dramatique quand je fus l'Isabelle d'Éraste dans *Le Joueur* de Regnard.

Éraste, c'était Louis.

Velours vieux rose, taffetas cuisse de nymphe émue, grand col et poignets de malines, or passé des broderies... un peu large au décolleté, la robe : c'est bien la même.

Je dis :

– *J'ai une délicatesse furieuse pour tout ce que je porte ; et jusqu'à mes chaussettes je ne puis rien souffrir qui ne soit de la bonne faiseuse.*

– Ma parole ! Tu parles Vaugelas !

– Oui. Madelon, *Les Précieuses Ridicules*, scène IX.

– *Eh bien, mesdames, que dites-vous de Paris ?* Mascarille, toujours *Les Précieuses Ridicules*, toujours scène IX.

Nous avons confessé ensemble que Paris était *le*

* 55, cinquante-cinq, LV, vous avez bien lu.

grand bureau des merveilles, le centre du bon goût, du bel esprit et de la galanterie.

Puis nous nous sommes tus car nous n'en étions plus entièrement sûrs.

*

Des gens passaient, personnes de qualité, faquins, cavaliers, tire-laine, exempts, duègnes, coquettes et carmes déchaussés. Des carrosses demandaient le passage en claquant du fouet, des chaises à porteurs...

— *Il y fait un peu crotté ; mais nous avons la chaise ! Il est vrai que la chaise est un retranchement merveilleux contre les insultes de la boue et du mauvais temps !*

Nous avions récité ensemble, toujours *Les Précieuses*, toujours scène IX ! Ensemble nous avons ri aux éclats, étonnés du peu de réaction du bon peuple de Paris qui allait à ses affaires sans se soucier plus de nous que d'une guigne.

J'ai raconté à Jean l'affreuse scène à laquelle j'avais assisté depuis la place de la Concorde, sur le toit du Palais-Bourbon. Plus de drapeau tricolore ! La France allait-elle naviguer sous pavillon de complaisance ? Les trois couleurs étaient-elles revenues ?

– Impossible de vérifier, me dit Jean, le Palais-Bourbon n'existe pas encore. Nous sommes en 1668 et le Palais n'a été construit qu'en 1722, sur l'ordre de Madame la duchesse douairière de Bourbon, par l'architecte italien Giraldini. Ce n'est qu'en 1804 que Napoléon fit élever par Poyet la façade monumentale avec ses douze colonnes corinthiennes.

Je reste muette. Il sait tout, Jeannot. Et si je lui demande le nom du prélat qui passe en litière, il va le savoir, me le dire et me révéler celui de la princesse italienne pour qui il brûla d'une flamme chaste et malheureuse !

Bang !

Le ballon atterrit sur mes genoux, projectile très peu indiqué pour mes velours et mes dentelles !

Mais adieu *Les Précieuses*, je suis de nouveau en jeans, et le petit bonhomme qui l'a lancé et qui se tient devant moi, penaud, est bien un petit bonhomme du troisième millénaire.

– Pardon, madame...

Il a dit : « Pardon, madame » ! Délicieuse musique ! Il doit avoir cinq ans ?... Un peu plus ?... Un peu moins ?... Je ne lui rends pas tout de suite son ballon, j'ai envie d'un brin de conversation. Il me sourit. Il est charmant !

Je pose la question idiote :

– Qu'est-ce que tu veux faire, plus tard ?

Il devient grave et dit :

– Pompier. Parce qu'ils enlèvent le feu. Mais je préférerais encore...

– ... ?

– ... chien d'avalanche !

Je lui ai rendu son ballon.

J'étais heureuse.

Sur le Palais-Bourbon, le drapeau français flottait à nouveau.

*

Peu de temps avant sa mort, partant pour un de ces points chauds de la planète où l'appelaient son courage et son métier, Patrick Bourrat disait :

– C'est pour essayer de comprendre tout ça...

Comme une multitude désolée, je porte le deuil de cet homme que je n'ai pas connu. Pas connu, mais aimé comme l'a aimé ladite multitude à présent désolée.

Moi aussi, je voudrais comprendre.

Mais est-ce possible ?

Y a-t-il seulement quelque chose à comprendre ?

La Vie ? La Mort ? Quel mystère que ce couple !

Je suis toujours la même que la petite fille des pâtes à potage alphabétiques, que la petite fille de Versailles, du Front populaire, de la Guerre et de l'Espérance, mais le temps a passé et je vois les choses à travers une nouvelle distance. Celle de l'Âge.

Recul du peintre qui prend connaissance du tableau... Presque achevé, le tableau !

Tout cela a passé si vite !

Il n'y a pas de rôle plus difficile à interpréter que celui que la vie nous distribue. On ne répète pas. La pièce commence dès le premier cri. Parfois on voudrait revenir en arrière, reprendre une scène, changer d'intonation, adoucir ou durcir le ton, corriger le texte, ramener un personnage... Trop tard ! Le train roule, continue sa course... On est presque arrivé.

Reste tout ce qu'apportent et déposent les grandes marées de la Mémoire, ces fragments du Temps qui viennent s'échouer sans crier gare, sans ordre ni raison, vagues de bonheurs ou marées noires...

Depuis la gifle donnée au beau jeune homme et la gifle rendue par lui, j'ai vécu un jour et une éternité.

L'Amour, les Enfants, le Métier, la Nature, les Gens, les Chats, les Rencontres, l'Amitié, *les sonnets de Shakespeare et le chant des oiseaux*... J'arrête l'inventaire, il ne peut être que trop long sans être pour autant exhaustif.

Cet inventaire je l'ai écrit avec des Majuscules comme les Aventures que rencontre le Chevalier dans les romans de chevalerie. Ces Majuscules – on dit « Capitales » en langage typographique – sont destinées à saluer, à souligner le caractère emblématique des événements qui tissent une vie.

La mort des êtres aimés nous modifie, comme le pouce du sculpteur s'enfonçant dans la glaise va modifier les formes.

« Elle choisira plus tard », avaient dit mes parents en décidant de ne pas me faire baptiser.

Bien sûr, je n'ai pas compris. Bien sûr, je leur en ai voulu. Parfois. Mais comme tout ça était savamment, artistement, anonymement tricoté par le Grand Scénariste ! Je n'ai pas compris le sens de « plus tard ».

Plus tard. Après. Après tant de joies et de douleurs. Après la mort d'êtres chers. Plus tard. Après.

J'ai été aimée par un catholique, j'ai mis au monde trois petits papistes, j'ai perdu ma mère, j'ai perdu mon père, et, un beau jour, j'ai décidé de me faire baptiser.

De joies en larmes, de larmes en joies, j'avais choisi de retrouver la religion de mes ancêtres.

Mais j'oublie un détail qui fut déterminant : la nuit de printemps où un évadé de prison m'a violée.

Violée par un évadé de prison en cavale, une nuit de printemps, à l'orée d'un bois des Yvelines, sous la menace d'une arme... C'est ridicule, ça fait roman de gare, ça fait rire. Je l'ai déjà raconté, je ne recommencerai pas. C'est ridicule, d'accord. Mais c'est vrai.

J'ai oublié. J'ai été guérie par Louis. Tout va bien, n'en parlons plus.

Mais chaque fois que j'entends parler de viol collectif sur une adolescente, la rage me prend.

« Tournante », mot inacceptable.

Des enfants de treize ans, de quatorze ans, brutalisées, salies, profanées par une bande de voyous. Que vont-elles devenir ? Elles ne connaissent rien de l'amour, pourront-elles le rencontrer un jour ?

Je voudrais les prendre dans mes bras. Je voudrais les *consoler de la réalité*, comme aurait dit Lawrence Durrell.

Je voudrais protéger celles qui sont menacées.

Attention, quand la femme se réveillera, il sera trop tard pour les hommes !

Dommage ! C'était une jolie idée du Grand Scénariste d'avoir donné à Adam la chair de sa chair...

*

Ils sont si nombreux à m'avoir quittée, les bien-aimés, qu'à force de les pleurer je me suis mise à croire que je les retrouverais au-delà du Visible.

À vrai dire, j'avais dû contracter la Foi depuis longtemps sans le savoir. On peut couver une Révélation comme une maladie. À son insu. On ne le découvre que quand elle se déclare.

Je ne suis pas prosélyte. Je déteste qu'on le soit avec moi, et je détesterais peser sur les autres du poids de ce que je crois, mais la liberté de conscience étant pour moi la liberté des libertés, je dis ma vérité.

À l'issue d'une projection en 1973, Camille Lemercier, la femme de Jeannot, m'avait prédit, lumineuse et blonde, ce qui m'attendait.

*Les Témoins** racontent l'arrivée d'une barque sur le rivage de Camargue, peu de temps après la Crucifixion.

Dans la barque il y a Marthe et Marie, il y a Madeleine, Lazare, Trophime et Joseph d'Arimathie qui porte le Graal.

J'avais adapté cette nouvelle parce que la langue d'Henriette Dibon, aussi belle en français qu'en provençal, m'avait ensorcelée, parce que ce récit des aventures de personnes déplacées, toutes juives, m'avait paru très moderne et parce que le sang de taureau qui coule dans mes veines grâce à une aïeule camarguaise m'avait fait partir au grand galop dans l'aventure.

Quand les pauvres femmes parlaient de Jésus, elles disaient : le Neveu.

Elles l'avaient aimé, elles avaient cru en Lui, elles étaient restées au pied de la croix jusqu'à la fin du supplice...

Elles croyaient raconter l'histoire d'un échec.

Elles sont en train de révéler une victoire. Le

* Longue nouvelle de la poétesse provençale Henriette Dibon.

peuple de cavaliers sauvages et idolâtres qui vit sur les terres et les eaux mêlées du delta, écoute en silence le récit de la vie et de la mort du Neveu.

Quand les pauvres femmes se taisent, la voix des fils du vent s'élève pour demander le baptême.

– Ce sera bientôt ton tour, m'avait dit Camille.

*

Ils m'attendaient tous les deux. Comment étaient-ils entrés dans la datcha ? Je l'ignore. Mais ils avaient tout lu. Ça se voyait au désordre de mon manuscrit répandu sur la table, ça se voyait aux traces de pattes, au sable laissé sur les pages, aux légères griffures...

Je n'étais pas surprise que Pélardon se soit permis cette indiscrétion. Chat d'écrivain, on peut même dire : chat écrivain, il avait toujours suivi mon travail de près. Mais que son frère, Tapenade, un chat noir très soyeux, plutôt du type chat d'agrément que du type chat collaborateur, que Tapenade l'ait accompagné dans cette exploration était exceptionnel.

Ils ne me firent pas languir.

– Tybert se demande ce que tu fais, dit Pélardon. Tu les négliges, là-haut ! Tu as perdu l'adresse ?

Je rassemblai les pages éparses. Ils me regardaient tous deux avec ce regard-sourire des chats qui voient ce que nous sommes incapables de voir, puis je m'allongeai sur le divan, refuge et compagnon indispensable de l'encrier.

Ils m'y rejoignirent l'un à bâbord, l'autre à tribord, petits moteurs ronronnants et chauds.

Avant d'embarquer pour le merveilleux voyage, je dis :

– Je voudrais rencontrer Tourterelle, Fleur-de-Cannelle et Ombre-à-Paupière.

– Mais c'est qui, encore, celles-là ? demanda Tapenade.

J'étais déjà loin.

*

– Ce sont les trois filles que Job engendra après que le Seigneur l'eut rétabli dans ses affaires et eut porté au double tous ses biens, dit Tybert. En hébreu, on dit : *Jémina, Ketsiha,* et *Kéren-Happuc*, et on ne trouvait pas, dans tout le pays, d'aussi belles femmes que les filles de Job.

– On ne perd jamais son temps avec Tybert, dit mémé à Maurice en caressant la fourrure tigrée.

*

On ne s'était pas revus, Maurice et moi, depuis que je lui avais remis la copie de son certificat d'études sur la plaine de fleurs.

On ne s'était pas non plus revus sur la Terre, Maurice et moi, depuis cette visite que je fis à *La Louque*, juste avant le tournage de *La Demoiselle d'Avignon*, quand il m'avait dit, sur le pas de la porte : « ... du bonheur ! Tu n'oublieras pas ? »

J'avais essayé toute ma vie de ne pas oublier...

Toute ma vie ? Plus de trente ans s'étaient écoulés depuis ce moment que je ne devinais pas être celui des adieux. Je l'avais retrouvé par la seule force de la mémoire et je savais que je ne rêvais pas.

À cause de l'odeur verte de l'herbe.

*

– Pour les filles de Job – Tybert a l'air ennuyé –, tu ne peux pas les voir, pas encore !

– Trois belles petites mômes ! dit Maurice. Et très musiciennes !

– C'est parce qu'elles sont dans la Bible que je ne peux pas les voir ?

– Exact !

Un règlement écrit noir sur blanc m'aurait aidée à y voir clair, à défaut je récapitulai tout ce que j'avais noté depuis ma première visite :

1 – Je n'étais pas morte, donc je ne pouvais voir ni le Grand Scénariste, ni les Siens... pas même le bout duveté de l'aile d'un ange !

2 – Je ne pouvais voir ni Madame Bovary, ni le Petit Poucet, ni Blanche-Neige, parce qu'ils n'avaient pas existé !

3 – Je ne pouvais pas voir mes parents à cause de la fulguration parce que, eux, par contre, ils avaient trop existé...

– J'ai droit à quoi, au juste ?

Ils me regardaient en souriant.

– Tu as le droit de voir tous ceux que tu as aimés, dit Maurice, et, pour les retrouver, tu connais déjà le chemin. Il n'en existe qu'un. Celui de la Mémoire.

*

Je me suis retrouvée des années en arrière, roulant sur l'autoroute de l'Ouest.

Pourquoi m'étais-je arrêtée ?

C'était peu de temps après la nuit de l'évadé de prison. J'étais devenue circonspecte sur la route. Méfiante. Prudente.

Mais cette fois-là, je me suis arrêtée sans réfléchir.

Une voiture était en panne sur le bas-côté. Un homme faisait signe pour qu'on s'arrête, j'ai senti que je devais le faire. Et je l'ai fait.

– Bernard Revon, scénariste.

C'est ainsi qu'il s'est présenté.

Je lui ai tendu la main :

– Frédérique Hébrard, romancière, et nous avons éclaté de rire ensemble.

Nous avons beaucoup ri en roulant vers Paris. Nous nous sommes raconté plein de choses. Nous avons promis de nous revoir. Ce ne serait pas difficile, nous avions beaucoup d'amis communs.

Bernard m'a téléphoné le lendemain pour me remercier ; nous avons essayé de trouver une date, nous ne l'avons pas trouvée... Et nous ne nous sommes pas revus !

La vie a continué, le temps a passé, les enfants ont grandi.

Les parents oublient souvent que leurs enfants sont de futures grandes personnes.

Un jour ils sont plus grands que nous, ils entrent dans ce que l'on appelle la vie active et rencontrent tout ce qui, à leur âge, nous a blessés, ravis, étonnés, surpris, comblés ou déçus. Ils apprennent des choses de nous. Ils nous en apprennent d'autres. Quand cet échange n'existe plus, les civilisations meurent.

En 1988, le petit Nicolas devint producteur, et le petit François passa derrière la caméra pour dire « Moteur ! » et diriger son papa. En voyant *Le Mari de l'Ambassadeur*, Pierre Grimblat eut l'idée de nous confier la fabrication de ce serpent de mer annuel que l'on nomme « le feuilleton de l'été ». Nous plongeâmes dans l'écriture de ce qui devait être *Le Château des Oliviers*, et je me demande toujours, en pensant à ces mois de fièvre et d'insomnie, par quel miracle nous sommes encore vivants.

Pierre envisagea ensuite de porter *Les Allumettes suédoises* à l'écran, et d'en demander l'adaptation à l'un de ses amis, scénariste confirmé, et à François.

Il pensait que la rencontre d'un homme d'expérience et d'un garçon beaucoup plus jeune donnerait de bons résultats.

François était enchanté.

L'homme d'expérience beaucoup moins.

Il était furieux, parlait même de se retirer du projet, refusait la seule idée d'une rencontre...

La rencontre eut cependant lieu et le coup de foudre fut réciproque.

Pierre organisa un dîner sans nous dire qui seraient les convives.

– Bernard Revon, scénariste ! dit un homme en me tendant la main.

Nous sommes tombés dans les bras l'un de l'autre.

*

Ce qui nous ravissait dans le déroulement de leur collaboration, en dehors de l'écriture même du scénario, c'était tout ce que Bernard apportait à François.

C'était le passage du témoin, la révélation du secret transmis d'une génération à une autre sans que le fil ne soit rompu. C'était un travail de Compagnon du Tour de France, une fraternité à travers un métier, une joie pour tous deux. Il lui parlait du cinéma comme autrefois, au Conservatoire, Béatrix Dussane nous parlait du théâtre à nous, ses élèves. Comme Maurice m'avait parlé du *partenaire essentiel* au temps des *Grandes Confidences*. Il lui apprenait ce qui n'est pas dans les livres et que les parents, trop concernés, ne peuvent pas donner à leurs enfants.

Et cet échange était infiniment joyeux.

N'est-il pas criminel de jeter les gens hors de la vie dite active, à cinquante-cinq ou soixante ans, alors qu'ils peuvent transmettre leur savoir à ceux qui arrivent ? N'est-il pas imbécile, en se privant de leurs services, de les assurer qu'ils vont vivre jusqu'à cent douze ans ? En faisant quoi ? Pitié ?

Bernard était de toutes les fêtes, de tous les plaisirs partagés. Vivant seul et sans organisation, il ne pouvait rendre les invitations. Il disait, d'un air consterné :

– Je suis le pique-assiette, le parasite...

Mais qui aurait eu envie d'écarter de la table un tel compagnon ?

Ils travaillaient chez Bernard, déjeunaient ensemble. C'est François qui faisait la cuisine, et la recherche ne s'arrêtait jamais, même pendant la vaisselle.

Georges Leroy *, cinquante ans plus tôt, nous avait raconté le travail accompli sur *Le Cid* avec Gérard Philipe qui allait jouer Rodrigue. Il arrivait chez Georges Leroy le matin, préparait le repas avec accompagnement d'alexandrins, puis ils mangeaient dans des morceaux de vitraux, et, attentif aux paroles du maître, Rodrigue faisait la vaisselle.

Je racontai cette histoire à Bernard en sortant d'une projection. C'était à Neuilly, rue des Dames-Augustines. Je le sentis ému. Je l'étais aussi.

Il était déjà question que François aille s'installer à Los Angeles.

C'était bien. C'était loin...

Bernard partait pour Jérusalem, il passerait l'été à Paris. On se verrait le plus vite possible, on parlerait des projets de François...

Bernard se pencha vers moi comme j'allais démarrer et dit :

– Je l'aime beaucoup, vous savez.

Je savais.

*

Une nuit de juillet, cet été-là, Bernard mourut, seul chez lui, d'une salmonellose.

Cette mort brutale, bête, qui aurait pu être évitée, nous déchira.

* Comédien, maître verrier et professeur au Conservatoire.

C'était fini, l'ami ? Plus de pique-assiette ? Plus de travail et de rires partagés ?

Je fus tentée de le croire.

Je ne savais pas que le Grand Scénariste en avait décidé autrement.

*

Pourquoi Bernard est-il sorti le premier des archives de ma mémoire ?

D'autres amis partagèrent avec moi plus d'heures, plus d'événements, furent plus intimement liés à ma vie. Mais Bernard partagea l'essentiel car, grâce à lui, furent tissés ensemble les générations, le métier, l'affection et, grâce à lui, beaucoup plus tard, je devais avoir la Réponse à une question que je ne me posais pas encore.

Il n'existe pas, pour atteindre l'âme secrète d'un pays, de voie plus directe que celle d'un tournage de film. Surtout en Italie, car si tous les chemins mènent à Rome, le plus court est celui de l'immersion totale au sein d'une équipe de cinéma. L'élaboration d'une fiction permet d'approcher la réalité plus que le guide du touriste. Vous rencontrez des gens que vous n'auriez jamais rencontrés, des moines boute-en-train, des aristocrates ruinés, des charmeurs de serpents, des jongleurs apatrides, des archéologues illuminés, de charmantes filles de mauvaise vie, des pêcheurs de thon et, même, des mafiosi ! Et de découverte en découverte, d'épiphanie en épiphanie, vous profitez en même temps d'aujourd'hui, du passé proche, et de la leçon des ruines.

Je pense à Palerme et à cet été sicilien où Louis tourna *L'Étrange Monsieur Duvallier* avec Sabine Azéma.

À Palerme, nous vivions à la fameuse *Villa Igeia* qui fut autrefois la propriété de la famille

Florio *. Une splendeur où l'on se sentait plus l'hôte d'un prince que le client d'un hôtel. Chambres démesurées, ouvrant sur une mer d'un bleu absolu où mouillent quelques yachts ; odeurs latines ; certains s'habillent pour dîner sur la terrasse illuminée, au milieu des fleurs de bougainvilliers et des orangers, tandis que le piano accompagne la cuisine d'une mélodie qui lui ressemble. Internationale. Personne ne parle à personne. Beaucoup trop chic pour se commettre.

Dans la pochette surprise qu'une production offre à son équipe, on peut découvrir la tente en plein désert, le couvent et son réfectoire, la gargote « avec chambres » et ses draps douteux... ou la *Villa Igeia* !

Palazzo. Palais. Palace.

Autrefois, au temps de leur splendeur, les Florio avaient quatre-vingt-dix-neuf navires sur la mer. Le roi d'Italie ayant, lui seul, le droit d'en avoir cent, secrètement ils en armèrent un petit... en or massif. Sa photo est dans la brochure. Qu'est-il devenu ? Il a dû fondre en passant de la royauté au fascisme, puis à la république.

Nous sommes dans « Un hôtel de 1re catégorie », c'est écrit dans la brochure, et à l'intérieur de chaque placard de chaque chambre démesurée. Pas question pour le personnel de se montrer familier avec la clientèle ; elle n'est pas venue chercher ça.

Au fait, qu'est-elle venue chercher, la clientèle ? Il y a des Italiens, bien sûr, des Américains, des

* Cette opulente dynastie d'armateurs fonda la Targa Florio, célèbre course automobile au début du XXe siècle.

Anglais, des Belges, des Suédois, des Suisses, peu de Français, quelques Allemands... le Kayser est venu du temps des Florio, avant que la *Villa* ne devienne un hôtel. Il y a sa photo dans la galerie. Il y a aussi celle du prince de Galles, le vieil Édouard, quand il était jeune. Et celle du Comte de Paris... ce doit être l'arrière-grand-père de l'actuel. Leurs immenses photos entourent celle d'une femme d'une stupéfiante beauté. Elle est sertie, comme une pierre précieuse, dans une robe du soir féerique. Un rêve. À la réception, j'ai demandé qui elle était à un jeune homme glacial, vêtu comme le président Fallières. Il se renseignera auprès du concierge. Le concierge doit savoir. Lui, le jeune homme glacial, arrive de Zurich, il ne peut pas savoir. Il me présente ses excuses comme si quelqu'un était mort. Après le dîner, dans l'un des magnifiques salons, des clients boivent une tisane. En silence. Les milliardaires, ceux du yacht qui mouille dans la baie, boivent du bourbon. En silence. L'Anglais qui a un coup de soleil inquiétant boit du whisky. En silence. Il est seul ; il regarde très loin devant lui, comme si nous étions transparents. Il lève son verre à la santé d'un compagnon ou d'une compagne invisible. Il est de plus en plus rouge.

Nous nous couchons tôt car demain, comme tous les matins, on vient chercher Louis à 7 heures.

Son petit déjeuner arrive à 6 h 15. Après son départ je me rendors. À 8 heures, je demande le mien.

– C'est impossible, madame, me dit une voix désolée au bout du fil. L'hôtel est en grève !

Puis la voix ajoute fièrement :

– Aujourd'hui, dans toute l'Italie, c'est la grève des hôtels de 1re catégorie

– Mais mon mari a été servi ce matin...

– À 6 h 15, Madame ! La grève des hôtels de 1re catégorie commençait à 7 heures.

Je vais jusqu'au balcon, et je constate que la terrasse a effectivement une tête de lendemain de noces. Des serviettes traînent par terre, les nappes tachées de vin et de sauce sont toujours sur les tables, des chaises sont renversées, il y a encore du pain d'hier soir dans les corbeilles. Un vieux monsieur très décoré s'est aventuré sur le champ de bataille ; il regarde si personne ne le voit, ramasse deux tartines rassises et se sauve comme un rat.

La vie est belle ! Je finis le bout de croissant que Louis a laissé sur le plateau, je lape un fond de lait et, dès que je suis prête, je vais aux nouvelles.

Dans le hall majestueux c'est la consternation. Les riches clients se pressent devant la réception comme si l'Italie venait de déclarer la guerre à leurs pays respectifs. Un téméraire propose d'investir les cuisines et de mettre la main à la pâte.

– Hélas ! révèle l'homme aux clefs d'or, les grévistes ont mis des cadenas partout ! Les chambres froides sont sous scellés !

Le silence s'abat sur les malheureux. Les plus faibles s'affalent dans les fauteuils Majorelle, les moins patients demandent leur note. Le ton monte soudain et l'homme aux clefs d'or, sentant qu'il est temps de reprendre la situation en main, sort sa botte secrète :

– Que Leurs Seigneuries ne s'affolent pas ! La

direction a tout arrangé ! Des tickets de repas vont être distribués pour que Leurs Seigneuries aillent, tout près de l'hôtel, dans une *pizzeria* où on leur servira le déjeuner !

Une *pizzeria* ? Des tickets de repas ? La suffocation fait place à l'indignation qui, à son tour, cède la place à la faim, et, à midi trente-deux, bons de soupe à la main, une longue file mal assurée franchit la grille du palace. Le jeune homme glacial venu de Zurich, toujours habillé comme le président Fallières, est en tête du cortège, plan de vol à la main.

Le trajet n'était pas long, mais, comme depuis deux jours il y avait également grève des éboueurs, il était périlleux. Et glissant. Bottines de daim blanc, sandales de Gucci, spartiates de Valentino, pataugent dans les détritus que des chiens et des chats galeux ont répandus en crevant les sacs de plastique entassés sur la voie. Le soleil exalte les fragrances... On retient sa respiration, on crierait sa rage si on n'avait besoin de toutes ses facultés pour ne pas tomber dans les épluchures, les arêtes puantes, le marc de café et d'innommables abominations en putréfaction.

Enfin on arrive devant la *pizzeria*.

Elle est déserte.

Mauvais signe.

On entre, chacun tendant son bon au patron jovial et poilu.

Le président Fallières a préféré disparaître.

On va manger dehors, à l'ombre de bâches de plastique vert. On aura de l'air. Ça sent tellement l'ail qu'on oublie la traversée des ordures. De grandes tables avec des nappes en papier nous attendent...

Qui dit grandes tables, dit promiscuité. Il va falloir s'asseoir tous ensemble et se serrer. Personne ne parle.

– *Pasta ? Pizza ?* demandent des garçons délurés et câlins aux milliardaires aussi consternés que s'ils leur demandaient : « Charybde ? Scylla ? »

– *Margarita ? Rigatoni ? Lasagne ? Fettucini ? Vongole ? Bolognesa ?*

*

Une heure après, lourds de chianti, tachés de *pommodoro* et fleurant l'ail pour la vie, les victimes de la grève vivaient un des moments les plus beaux de leur existence. Les habitués d'unc cuisine aussi aseptisée qu'une mélodie de piano-bar venaient de découvrir le goût qu'avait l'Italie.

Alors on se passe le pain, l'*aceto*, le condiment pour arroser la pizza ; on en arrose les pâtes ; on rit. On n'arrose d'ailleurs pas que la pizza et les pâtes, on vide flacon sur flacon.

– Le vin est pour moi ! dit le banquier belge avec un geste large.

L'Américain aux bottines de daim blanc, qui est également l'Américain du yacht qui mouille dans la baie, demande s'il peut acheter la *pizzeria* au patron qui en rit encore, et lui offre un verre de grappa. Tournée générale ! L'Anglais vire au pourpre !

On s'en retourne tous ensemble vers la *Villa*, on retraverse les ordures de plus en plus denses grâce à l'activité des chiens et des chats qui, eux, ne sont visiblement pas en grève. L'odeur doit être insupportable, mais l'ail que nous avons dévoré est une arme efficace qui nous protège. La princesse autrichienne s'arrête à une petite *gelateria* et se cloque deux cornets de pistache géants. Le banquier belge et l'Américain la rejoignent, tout le monde suit. Après notre passage, le marchand de *gelati* va pouvoir fermer, fortune faite.

Personne n'a dîné, ce soir-là, mais, le lendemain, on forma le monôme beaucoup plus tôt. Plus de cravates, plus de bijoux. Décontractés. Voraces. Heureux. Copains.

Ravioli, tortellini, polenta, fusilli, farfalle, gorgonzola, parmigiano, zuppa inglese, tartufi !

Un des serveurs se mit à chanter *La Montanera*. Je joignis ma voix à la sienne. Il m'embrassa. On applaudit et tout le monde reprit en chœur le refrain. Une bouteille de chianti tomba, se brisa, éclats de verre, éclats de rire. La princesse demanda un balai, une pelle ; les dames se battirent pour ramasser les morceaux...

Hélas, les plus beaux moments ne durent pas toujours ! La grève prit fin. Plus de bons de soupe. Plus de monômes vers la *pizzeria* !

Mais l'atmosphère avait changé à la *Villa*. Le soir, sur la terrasse, ça rigolait ferme. Le banquier, l'Américain et la princesse avaient demandé qu'on rapproche leurs tables et entraîné l'Anglais solitaire avec eux. L'entrecôte Café de Paris et le potage Du Barry avaient fait place aux *saltimbocca* à la romaine et aux truffes blanches, le rapitala coulait à flots, et tout le monde se retrouvait ensuite au salon pour chanter autour d'un verre de marsala. Cependant, certains soirs, la grande table restait vide sur la terrasse ; cette absence faisait sourire l'homme aux clefs d'or, c'était lui qui avait réservé pour Leurs Seigneuries.

À la *pizzeria*.

*

Depuis la grève je suis intime avec le concierge. Je sais que le vieux monsieur décoré qui a piqué les tartines rassises est un ancien fasciste. Les décorations sont fausses, le nom aussi, c'est un grand criminel. Je sais qu'on attend Claudia Cardinale – *tanta carina !* – pour un tournage. Je sais qu'on attend Peter Ustinov – *tanto brillante !* – pour un autre tournage. Je sais qu'un personnage occupant de hautes fonctions auprès de la reine d'Angleterre est annoncé pour la fin du mois. C'est un secret, tout le monde est au courant.

Mais je sais surtout le nom de la femme en robe du soir perlée qui tient sa cour au milieu des empereurs, des rois et des princes défunts de la galerie.

– La plus belle femme d'Europe en son temps, dit l'homme aux clefs d'or avec un mélancolique respect.

Madame Florio.

La maîtresse des lieux avant que le centième bateau de sa flotte ne fonde dans les brasiers de l'Histoire.

– C'est elle, me confia-t-il, qui avait constitué la bibliothèque de la *Villa*. Uniquement en livres français.

– Elle était française ?

Non, mais c'était comme ça dans les bonnes familles. Autrefois.

Eh bien, mon prince, comme l'écrivait Tolstoï en français dans le texte, les temps ont bien changé !

Une des clefs d'or m'ouvre les hautes portes vitrées, style floral flamboyant, de la bibliothèque. *Souvenirs d'un Parisien* de François Coppée, tout Flaubert, le *Traité de mécanique céleste* de Tisserand, les repas du Siège contés par Hugo, *La Princesse de Venise* et *L'arte biondegiante*, Balzac, Vigny, Lamartine, Sand, Baudelaire, etc., et même *L'Annuaire du Bureau des Longitudes* !

Si je n'étais pas retenue par un reste d'éducation, je volerais tout ! Mais comment oser affronter ensuite le regard de la plus belle femme d'Europe en son temps ?

*

De mon balcon, mes regards se tournent souvent vers une tour génoise qui se dresse, assez proche de la *Villa*, en bordure de mer. Il faudra que j'aille un jour la voir de près. Savoir si elle est déserte, et, si elle est habitée, qui peut vivre en un lieu si chargé de mystère ?

Et puis, un jour, Louis a tourné dans la tour génoise et, en début d'après-midi, il m'a appelée :

– Viens ! Tu dois venir ! Tu ne peux pas manquer ça ! D'ailleurs on t'attend !

On m'attend ? Dans la tour génoise ? Qui ? Pourquoi ?

Je courus presque le long des chemins qui menaient à la tour. Pauvre tour ! La malheureuse semblait subir un siège ! D'énormes camions l'encerclaient, la tenant serrée entre les tentacules de câbles noirs, des projecteurs l'assaillaient d'une lumière crue, des gens couraient, affairés, hurlant des ordres et, parfois, couvrant le tumulte, une voix immense, une voix de monstre marin ou de divinité implacable criait :

– *SILENZIO !*

et tout se taisait quelques instants pour repartir de plus belle à la fin de la prise.

Un assistant aux yeux de velours noir me confia à l'oreille, tout en me caressant doucement la joue, qu'on tournait dans la chapelle, que je ne pouvais pas y aller – la chapelle était petite, petite –, mais on m'attendait à la cuisine.

Qui m'attendait ? Je ne le sus pas, l'assistant était déjà parti en poussant des cris épouvantables.

J'entrai.

J'entrai dans une vaste véranda, sorte de passerelle de cristal construite au pied massif de la tour et, malgré les câbles, les tapis roulés et le désordre cinématographique, je restai muette d'admiration. Des marbres. Des miroirs de Venise. Des consoles de mosaïque. Des verreries miraculeuses. Des vases plus vieux que Jésus... Un musée ! Mais un musée où l'on avait envie de vivre... enfin, avant le débarquement du cinéma, car je découvris, réfugié sur un canapé recouvert de brocart doré, comme un renard sur un îlot pendant une inondation, un vieux monsieur vêtu de tussor coquille d'œuf qui s'éventait avec une œuvre d'art représentant l'enlèvement des Sabines. Il gémissait lamentablement :

– *Que calamità ! Que calamità !*

Je n'eus pas le temps de lui témoigner ma compassion car je fus enlevée à mon tour. Par un machiniste aux yeux de velours noir. Un géant d'une force herculéenne qui me serrait contre sa poitrine velue – avec peut-être un peu trop de zèle – pour m'éviter de trébucher sur les câbles, les projecteurs et les rails qui encombraient la galerie où il m'entraînait. Mon ravisseur et moi passâmes entre des vitrines illuminées où étaient exposés des statuettes et des flacons hors d'âge, puis il donna un formidable coup de pied dans une porte et nous entrâmes dans la cuisine :

– *Ecco la moglie del protagonisto* !* aboya-t-il en me posant sur le carrelage, comme un panier de poisson.

Et je sus enfin qui m'attendait.

Les femmes. Le gynécée.

Elles étaient neuf, comme les Muses.

Elles étaient les sœurs, les cousines, la tante et la belle-sœur de Silvana, la dame de la tour. Elles étaient venues pour le tournage, pour voir mon mari, mais, *peccato*, impossible de voir le mari parce qu'il tournait dans la chapelle qui était petite, petite ! Alors, réfugiées dans la cuisine, elles avaient demandé à me voir, moi, pour se consoler.

Elles étaient exquises, câlines, tendres, parfumées comme un parterre de fleurs, et si caressantes ! L'une me versait du thé au lotus, une autre m'offrait un

* « Voilà la femme du protagoniste ! »

beignet à la frangipane, la tante me tendait la confiture de roses, la belle-sœur la gelée de figues... en cinq minutes j'eus l'adresse de la meilleure brodeuse de Palerme, de la femme qui épilait au miel et au citron, et du bossu qui faisait les escarpins sur mesure en une nuit...

J'étais bien... et, brusquement, la quiétude du gynécée vola en éclats : des voitures venaient de démarrer, on rangeait le matériel dans les camions, le cinéma s'en allait vers un autre décor, les catacombes !

Huit Muses disparurent en poussant des cris joyeux : elles allaient enfin voir les acteurs !

– Reste ! me dit Silvana.

Elle parlait, comme les autres Muses, un français charmant, car elles avaient toutes eu « la Mademoiselle » qui leur avait appris *Le chat, la belette et le petit lapin* avec *J'ai du bon tabac,* dans leurs jeunes années.

Silvana m'entraîna dans la véranda qui avait retrouvé son calme. Les câbles avaient disparu. Le vieux monsieur aussi.

– L'oncle ? À cette heure, il est au lit !

C'est à ce moment-là que je découvris la grande toile.

Une femme en robe du soir du début du siècle, perles, satin et fils d'or. Une femme à la beauté époustouflante.

– La plus belle femme d'Europe en son temps, m'expliqua Silvana. Tout le monde voulait l'épouser : les rois, les princes, les présidents... Le pape en était fou ! Tous les papes ! Léon XIII, Pie X, Benoît XV. Tous !

– Cette robe...

– Si tu entres dedans, elle est à toi ! Tu veux l'essayer ? Je l'ai ici !

Elle ne risquait rien, Silvana. J'avais vu le tour de taille de la dame. Et j'avais surtout compris que la robe était fée et qu'elle ne consentait à être portée que par « la plus belle femme d'Europe ».

Autour du portrait, des merveilles.

Et dans les propos de Silvana, des merveilles.

– Quand j'étais petite, disait-elle, l'oncle m'emmenait chez un vieil ami, on m'asseyait sur le « porte-pied », et ils faisaient le concours de celui qui connaissait le mieux l'histoire de la Sicile ! Ils se disputaient ! Moi, j'apprenais mon île ! Le vieil ami écrivait un livre...

Le vieil ami, c'était le prince de Lampedusa, et le livre, c'était *Il Gattopardo*.

Je restai bouche ouverte, fascinée.

– Après les princes, la barbarie ! dit-elle tristement avant de me raconter, joyeuse, comment, le jour même de ses seize ans, elle était tombée amoureuse de Gigi.

Gigi, le mari de Silvana, c'était le petit-fils de la plus belle femme d'Europe. C'était pour ça qu'ils avaient la robe et le portrait.

– Il est beau ! Beau comme le Christ !

Quand on parle du loup, il arrive, dit le proverbe, et Gigi fit son apparition. C'est vrai qu'il était beau ! C'est vrai qu'il ressemblait au Christ, autant que je puisse avoir, là-dessus, un avis éclairé !

Il posa sur moi ses yeux de velours noir, se pencha sur ma main pour la baiser, et la verrière explosa.

– *Hanno visto il cartello* !* hurla-t-il en s'élançant à travers les débris de verre tandis que Silvana me poussait sous une table, à l'abri d'un vrai bombardement.

– Nous avons mis une pancarte sur NOTRE plage : « *Défense de manger. Propriété privée* », m'expliqua-t-elle, parce que des gens laissent tous les soirs des papiers gras, des boîtes de bière... *Una vera porcheria !* et c'est NOTRE plage ! Ils le font exprès ! Ce sont des cochons ! Ils ont vu la pancarte et ils attaquent ! *Disgraziati !*

À quatre pattes sous une table tricentenaire et signée, j'étais terrifiée. Les projectiles tombaient, les vases, les verreries, les miroirs aussi. On entendait des cris sauvages, des hurlements, puis... plus rien. Le calme soudain.

Nous rampâmes hors de notre abri. Gigi revenait, les vêtements déchirés, encore plus beau.

– Et alors ? demanda Silvana.

– Partis !

– Tu ne les as pas tués ! s'indigna-t-elle.

– Non, dit-il avec regret. Puis il ajouta : J'ai quand même cassé un doigt au fils ! *Ma, guarda ! Un miracolo ! la nonna va bene** !*

Un *miracolo* ! La *nonna* souriait toujours sur le mur, miraculeusement épargnée par l'assaut des barbares. Souveraine.

* « Ils ont vu la pancarte ! »
** « Mais regarde ! Un miracle ! La grand-mère n'a rien ! »

Un peu dépassée par les événements, toujours à quatre pattes, ne sachant comment me rendre utile, je commence à ramasser les débris de majolique et de porcelaine. Double hurlement de Silvana et de Gigi : il faut tout laisser pour que le *Marechale* fasse le constat !

Je suis rentrée à l'hôtel. J'ai tout raconté à Louis, désolé pour eux, et nous avons passé une très mauvaise soirée.

Le lendemain, j'ai attendu une heure raisonnable pour téléphoner. Pas libre. J'ai recommencé. Pas libre. Ça m'a inquiétée et je suis allée voir ce qui se passait.

Des rires et des propos joyeux s'échappaient de la véranda... J'entrai sur la pointe des pieds et restai pétrifiée sur le seuil.

L'assaut auquel j'avais assisté était comme effacé. De nouvelles œuvres d'art remplaçaient les victimes du combat de la veille, et, dans cette paix retrouvée, trinquant avec Gigi et Silvana, le *Marechale* et une famille endimanchée buvaient à la santé de la plus belle femme d'Europe dans sa robe-fée...

Gigi m'aperçut et me présenta à la compagnie :

– *Questa signora è francese !* dit-il, ce qui déclencha une joie démesurée.

Je serrai des mains. Silvana m'embrassa et me désigna un vase plein de tubéreuses :

– Vois comme leurs fleurs sont belles ! Ce sont nos amis de la plage ! Nos amis d'hier, chérie ! Tu te souviens !

Je compris que je n'avais pas rêvé en voyant un

gros pansement sur la main du garçon qui me tendait un verre de marsala.

J'étais bien... J'étais en Italie, en Sicile, je ne pouvais être ailleurs puisque, sous le portrait de la plus belle femme d'Europe, un grand chat tacheté me souriait.

Il Gattopardo.

*

La *Villa Igeia* devait avoir des effets secondaires imprévisibles.

Vers la fin de notre séjour, un couple débarqua un soir sur la terrasse. Un couple mythologique. Une dame épanouie comme une déesse peinte par Rubens, accompagnée d'un jeune homme d'une si parfaite beauté qu'on sc demandait s'il était vrai.

– Son fils ?

Non. Il n'était pas son fils.

Une telle tendresse irradiait d'eux qu'on se posait des questions. Quel était le sortilège qui les liait si fort l'un à l'autre ?

En quittant la *Villa* pour Rome où se poursuivait le tournage, nous savions peu de chose d'eux. Leur différence d'âge, leur nationalité (ils étaient belges), la beauté plus qu'humaine du garçon, leur courtoisie, leur gentillesse.

C'est tout.

Nous les oubliâmes en retrouvant Rome car, retrouver Rome, c'est un peu boire les eaux du Léthé pour ne penser qu'à Rome, rien qu'à Rome.

Je partais à la découverte de la Ville. J'allais partout. À pied. Seule. Sans bijoux. Presque sans argent à cause des *ladroni*. J'étais heureuse. Le soir tombant tôt à Rome, je ne voyais mon mari qu'à la lumière des flambeaux, comme dans une tragédie de Racine. C'est au cœur de la nuit que je lui racontais mes journées dans la Ville.

Je lui racontais mes rencontres avec le général des prémontrés, le merveilleux Norbert Calmels que mon père nommait « l'évêque ami de ma fille », mes méditations au cimetière *acattolico*, sous l'arc de Constantin, devant la *Bocca della Verità*, sur la roche tarpéienne. Partout !

Je lui racontais aussi comment je me débarrassais des suiveurs trop empressés. Je les frappais. C'était souverain.

À Rome, une femme doit frapper tous ceux qui la touchent, des mains ou du regard. Frappez-les avant même de savoir s'ils en veulent à votre sac ou à vos fesses. Frappez fort, faites-leur mal, ils partiront !

Mais ce qui m'agressait plus encore que les mâles primitifs qui emmerdent les femmes dans les rues de la Ville Éternelle, c'était la Beauté. La Beauté à l'état pur. Beauté des fronts audacieux des palais. Beauté des jardins, des fontaines. Beauté des débris gigantesques d'un empire défunt qui régna sur le monde et vint marquer de ses aigles de pierre la Colonia où je naquis.

*

Ce jour-là, je traverse la Piazza del Popolo.

Il fait beau. Il fait même trop beau. Peu importe...

je vais, légère et court-vêtue de broderie anglaise, et le sol est brûlant sous mes sandales.

Nous sommes le 25 août, jour de la Saint-Louis, et le 25 août, à Rome, chacun sait que les indigènes sont partis. Il fait trop chaud pour eux. On ne croise que des Belges, des Allemands et des Japonais.

Soudain je vois un taxi en perdition. Un taxi qui s'arrête, hésite, semble chercher une adresse. Un malheureux touriste qui ne peut pas se faire comprendre... Et si c'était un Français ? Je m'approche, je regarde. C'est bien un Français : c'est même Léon Zitrone.

– Montez ! me dit-il.

Il arrive de Munich ; il repart pour Paris ; il revient demain ; il doit passer dire bonjour à Monseigneur Lefebvre à Saint-Louis-des-Français et prendre des documents pour une émission. Il me dit tout ça en roulant et en expliquant Rome au chauffeur qui arrive des Pouilles et ne connaît pas la Ville.

– Monseigneur Lefebvre sera ravi de vous voir !

Je suis épouvantée, je montre ma robe.

– Vous avez vu tous les trous que j'ai ?

– Oh ! ça ne le gênera pas du tout ! D'ailleurs vous êtes protestante ! Et même païenne, je crois ?

Je n'ai pas le temps de lui dire que, toute protestante et païenne que je suis, je dois respecter la *cortesìa*, nous sommes déjà arrivés. Zitrone descend, me présente à un homme aimable en survêt de gymnastique.

– Monseigneur, voici la fille de Chamson.

Je suis complètement ahurie. Léon, lui, documents

sous le bras, est déjà reparti pour Munich, pour Paris, pour Rome puisque tous les chemins...

Bref, on reste, l'évêque et moi, face à face, devant la petite porte de Saint-Louis-des-Français. L'autre porte, la grande, est fermée en ce moment. Travaux.

J'ai l'horrible impression que mes trous se sont multipliés. Je me sens *scandalosa*. On m'a appris à respecter la religion des autres. Je ne suis pas chez moi dans les églises ; j'ai toujours envie de demander où sont les patins pour ne pas laisser de traces... Je prends congé en bafouillant que je reviendrai dans une tenue plus correcte.

– Allons, allons ! me dit l'évêque en me poussant à l'intérieur, ce n'est pas saint Matthieu qui s'offusquera de votre tenue !

Très sympathique, ce traditionaliste dissident ! Mais qu'est-ce qu'il fait à Rome ?

Je me trouve dans un cloître frais et charmant où un vieillard lit son journal et me salue aimablement.

Monseigneur Lefebvre... en survêt. Je ne le voyais pas comme ça... mais alors pas du tout ! Allons-nous parler latin ?

Mes pensées doivent crépiter car mon hôte m'explique :

– Je ne suis pas celui que vous croyez.

– Vous n'êtes pas Monseigneur Lefebvre ?

– Si. Mais un autre. Venez voir *La Vocation de saint Matthieu*, madame.

C'est beau. Dans l'église vide et obscure, l'évêque remet lires sur lires dans l'appareil à sous pour que je puisse admirer le grand tableau. Il m'explique chaque statue, chaque recoin, chaque chapelle, me dit les noms de ses prédécesseurs qui dorment sous les dalles de la nef.

Le vieillard est venu nous rejoindre. Il voudrait me montrer le Musée... Un petit musée, moitié pieux, moitié profane. Comme moi... Et voyant que je m'attarde devant les œuvres mutilées, les fragments d'albâtre, les marbres blessés, on m'ouvre la réserve qui sent la pierre antique.

Là je suis chez Chrysis, chez Nemausus, chez moi.

Puis, tombe après tombe, nous faisons le tour du cloître où reposent les chevaliers francs. Émouvant. Ils dorment, immobiles, mais sous la pierre, je sens battre leurs cœurs comme à la fin des *Visiteurs du soir*. Sensation d'être entourée, reçue par des cohortes amies, attendue depuis toujours. Je caresse le museau froid d'un chien fidèle, couché auprès de son seigneur pour l'Éternité.

Le vieillard a disparu et revient à la fin de la visite avec un bouquet de fleurs romaines dont j'ignore le nom. Il le dépose dans les mains de l'évêque. Tous deux me regardent.

– Vous êtes bien la femme de Louis Velle ? me demande Monseigneur Lefebvre. Ah ! *La Demoiselle d'Avignon*..., ajoute-t-il en souriant.

Il me tend le bouquet.

– ... Nous sommes le 25 août, vous souhaiterez une bonne fête à votre Saint Louis des Françaises.

C'est peut-être ce soir-là, à la lueur des flambeaux, près des fleurs de l'évêque, que l'idée de Madame l'Ambassadeur de France près le Saint-Siège a germé dans notre esprit.

*

Le couple mythologique de la *Villa Igeia* vint un soir voir Louis qui jouait *Nina* à Bruxelles.

Le lendemain était jour de relâche et ils souhaitaient nous montrer leur maison et nous inviter à dîner.

La maison était dans un quartier de Bruxelles tout en brique et en fumées qui faisait penser aux romans de Jean Ray où Harry Dickson échappe à des morts affreuses en traquant des malfaiteurs et des Gorgones.

Chose plus effrayante encore, la façade qui portait le numéro indiqué ne donnait aucun signe de vie. Ses fenêtres fermées, l'absence de lumière, le silence qui suintait de ses pierres comme une transpiration invisible semblaient vouloir la défendre contre toute intrusion.

Nous n'osions poser la main sur une sonnette, d'ailleurs invisible, quand la porte s'ouvrit dans un tintement de clochettes et de carillons, tandis qu'un clown automate grandeur nature et peint de vives couleurs hochait la tête en disant : « Entrez, une fois ! Entrez, une fois ! » dans un vestibule rempli de flags, de pavillons, d'oriflammes et de drapeaux. La dame était fournisseur d'accessoires de fêtes, cotillons et matériel de célébrations, et tous les bourgmestres de Belgique avaient recours à elle pour que leurs kermesses soient réussies.

Le maître de maison était descendu pour nous accueillir. Encore plus beau qu'à Palerme. Si beau qu'il fallait un moment pour s'y habituer.

Il nous demanda de le suivre et de monter dans leurs appartements.

– ELLE est presque prête ! dit-il.

Ils ne prononçaient jamais leurs prénoms, c'était LUI, c'était ELLE.

Des masques, des langues de belle-mère, des panoplies de fantômes, des chéchias, des hennins de papier doré et des épées de carton encombraient le premier étage.

Au second, c'était autre chose. Lumières tamisées, tapis d'Orient soyeux, lourdes tentures, *divans profonds comme des tombeaux*, orchidées en buissons, parfum à couper au couteau.

Celui d'ELLE ? Celui de LUI ?

– La voilà ! dit-il.

ELLE était encore plus Rubens que quand nous étions partis pour Rome, très élégante, fastueuse.

Mais ce qui frappait, plus que le clown, les flags, les langues de belle-mère, le parfum, les orchidées et les physiques inoubliables de nos hôtes, c'était leur extrême gentillesse.

– Venez vous rafraîchir ! me dit-elle en m'entraînant vers sa salle de bains comme si elle avait l'intention de me faire un brushing ou de me remaquiller.

Mais son désir de se trouver seule avec moi avait une tout autre raison.

– Il faut que je vous dise quelque chose..., commença-t-elle avec gravité, tandis que je luttais pour ne pas perdre l'équilibre dans la moquette rose où j'enfonçais jusqu'aux chevilles.

Elle prit un temps, ferma les yeux, les rouvrit et murmura :

– IL est homosexuel !

Accrochée des deux mains à une coiffeuse juponnée de volants d'organza parme, je n'étais pas spécialement étonnée mais, ne sachant quelle réaction lui ferait plaisir, je poussai un profond soupir.

– Vous étiez loin de vous en douter, dit ELLE.

Je hochai la tête et, me tendant la main pour me guider vers la porte, ELLE ajouta :

– Allons retrouver ces messieurs avant qu'ils ne s'impatientent !

LUI avait déjà débouché le champagne et le versait dans des hanaps dignes de la Table Ronde, sous l'œil globuleux et avide des hôtes d'un immense aquarium plein de lumières et d'algues multicolores.

– J'ai prévenu votre mari et je dois aussi vous prévenir : ne trempez pas votre main dans l'aquarium, un de nos amis, un très cher ami, y a perdu un doigt !

On trinqua. Les poissons nous regardaient toujours, bouche entrouverte, nageoires impatientes, espérant sans doute un geste de nous...

– Nous ne dînons pas ici, dit ELLE, nous vous emmenons faire la fête ! Mais nous ne vous disons rien ! C'est une surprise !

LUI se taisait. Il souriait comme un sphinx. Dieu, qu'il était beau !

*

La surprise, c'était une boîte de travestis.

On y dînait en regardant un spectacle sans hommes.

C'est-à-dire qu'il n'y avait que des hommes qui jouaient, dansaient, chantaient, mais qu'ils avaient tous des rôles de femmes.

C'était un bon spectacle, c'était un bon dîner, et ELLE comme LUI étaient toujours adorables.

Quand le spectacle fut terminé, ELLE et LUI nous demandèrent si nous voulions aller féliciter les actrices en coulisses.

Nous y allâmes avec joie car le spectacle nous avait beaucoup plu, et nous avions deviné beaucoup de rigueur derrière les paillettes.

Les coulisses étaient si exiguës qu'il fallut, pour les félicitations, entrer dans l'unique loge où sept créatures de rêve commençaient à ôter leurs bracelets, leurs pendants d'oreilles et leurs cothurnes. Nous fûmes accueillis par des cris de joie et des mains tendues. ELLE et LUI semblaient aux anges comme s'ils nous avaient présenté leurs propres enfants.

On se mit à parler, tout le monde restant debout, les actrices n'osant plus quitter leurs perruques, leurs robes, leurs plumes... L'unique régisseur-électricien-machiniste-accessoiriste-habilleuse amena quatre chaises et tout le monde s'assit sans se douter qu'une longue nuit s'ouvrait devant nous.

Voyant une main aux ongles dorés hésiter au bord de faux cils plus longs, plus noirs, plus épais que les pattes velues d'une mygale, je dis : « Je vous en prie ! » et le démaquillage commença.

LUI s'était éclipsé discrètement et revint avec du champagne, des coupes et des gâteaux qu'ELLE distribua avec des sourires heureux.

On but au métier de comédien, à la vie, à l'amitié.

– À l'amour ! dirent-ils en nous regardant.

Ils savaient tout de nous, nous ignorions tout de leur vie, de leurs joies, de leurs peines, de leurs espoirs... ils se racontèrent.

Les faux cils étaient soigneusement rangés dans leurs boîtes, les robes suspendues avec leurs faux seins, le numéro d'ordre de passage épinglé sur le strass et le lamé, les boas dormaient, plumes mêlées, le rouge et le noir avaient disparu avec le démaquillant, découvrant sous le masque des Marilyn, des Marlene et des Dalida, des visages d'abord de jeunes filles qui, peu à peu, devenaient des visages de jeunes garçons.

Les jeans et les tee-shirts avaient remplacé les atours de divas, la timidité avait fondu avec le fard et, maintenant, les confidences pleuvaient.

Lolita nous confia que son rêve était de jouer Achille dans *Iphigénie*, surtout la scène où il affronte Agamemnon :

– *Non, elle n'est plus à vous !*

– Tu serais bien aussi dans Rodrigue, dit Dolly, tu sais : *Sous moi donc, cette troupe s'avance...*

– *Et porte sur son front une mâle assurance*, enchaîna Pussy Cat avec gravité.

Il y eut un silence profond, comme celui qui suit les trois coups sourds du brigadier avant que ne s'ouvre le rideau du théâtre.

Le théâtre.

Ils ne rêvaient tous les sept que de ça en revêtant leurs robes de stars et leurs pesantes rivières de faux diamants.

À six heures du matin ELLE et LUI nous emmenèrent tous prendre le petit déjeuner sur la place de Brouckère, puis la troupe nous accompagna jusqu'à l'*Hôtel Métropole*.

On s'embrassa devant la porte à tambour. On se disait tous : « Merci, merci ! », en se serrant les mains.

– Nous savions que vous pouviez comprendre, nous dit ELLE tendrement.

LUI la prit par le bras, et nous les regardâmes s'éloigner, mythologiques, enlacés, heureux. Ça aussi nous pouvions comprendre, mais, quand même, nous nous posions des questions...

ELLE et LUI disparurent dans un brouillard gris, et seule la présence des sept jeunes gens nous prouvait que leur existence était bien réelle.

Le concierge du *Métropole*, le merveilleux Dadi que toute la profession adore, fut un peu étonné de nous voir rentrer nous coucher à l'heure du laitier tandis que sept adolescents agitaient le bras derrière les vitres de la porte à tambour pour nous dire adieu.

Dadi nous réveilla à midi, comme nous le lui avions demandé, et monta lui-même l'énorme bouquet de fleurs déposé pour nous par les garçons.

Il y avait un mot, avec le bouquet. Un mot qui nous mit les larmes aux yeux, un mot que j'ai oublié... Pourquoi ?

Je l'ai perdu. Il doit être quelque part dans les cartons d'archives où dorment les années enfuies. Souvent, je le cherche. Un jour je le retrouverai.

Il faut de la patience avec les souvenirs.

Mais, si j'ai perdu le mot, je n'ai pas perdu la mémoire des sept garçons aux noms de filles. Je pense souvent à eux parce que je les aime.

Et je tremble aussi car, au cours de la nuit partagée où nous avons cru avoir dit tous les mots, il y en a un que nous n'avons pas prononcé car il n'était pas encore devenu mortellement célèbre.

Le sida.

*

J'ai un problème...

Je n'ose pas faire une liste... J'ai peur que ce ne soit mal élevé vis-à-vis de Celui qui m'a déjà permis tant de retrouvailles inespérées. J'ai peur qu'Il ne se froisse devant ce qui pourrait passer comme un manque de tact... mais, quand même, je m'étonne de ne pas avoir déjà rencontré mon Irène !

Elle m'a tant parlé de Vous !

Ça ne Vous paraît pas mériter une petite faveur ? Et même une grande ?

Non seulement Irina Stepanova fut une des amies les plus proches de mon cœur, mais elle me fit comprendre et partager les joies de l'œcuménisme à une époque où les catholiques, les protestants et les orthodoxes n'avaient pas encore compris qu'ils étaient tous chrétiens.

Venue au monde en Turquie dans l'île des Princes, cette Française absolue était une Russe absolue. Elle ne cachait pas que, née orthodoxe, elle se sentait de la plus vraie des religions, mais ce sentiment, exalté par les souffrances de l'exil, ne l'empêchait pas d'aimer son prochain, même quand il était différent.

Surtout quand il était différent.

Aux soirées qu'elle donnait dans sa grande maison tolstoïenne d'Île-de-France, on ne rencontrait pas que des métropolites barbus, mais des pasteurs, des missionnaires catholiques, blancs, jaunes et noirs, des écrivains provocants qui leur prouvaient brillamment la non-existence de Dieu. Sans succès. Mais tout le monde était content. Surtout les juifs et les musulmans car ils savaient que jamais Irène ne leur aurait servi une nourriture interdite à leur corps ou à leur âme.

Tant qu'elle vécut, nous eûmes la joie de fêter deux fois Noël, et c'est elle qui nous apprit à dire :

Христос воскресе !

le matin de Pâques, pour saluer la Résurrection.

Un jour, à Saint-Pétersbourg – qui s'appelait encore Leningrad –, j'ai volé pour elle un peu de terre russe. On me dit que ce minuscule larcin était passible de prison. Je revins sans encombre, me réjouissant d'avoir risqué la Sibérie par amitié. Hélas ! je ne me doutais pas que, si vite, Irène emporterait cette poignée de terre dans la tombe.

Un jour elle m'annonça, sans larmes, qu'elle avait un cancer, qu'elle était perdue, qu'il lui restait peu de temps pour aller à l'Essentiel.

L'Essentiel ?

– Donner du grain aux petits oiseaux, dit-elle en riant.

Je me doute que, Vous qui savez tout, Vous n'avez rien oublié, mais j'avais besoin de parler d'Irène, de ses soirées qui n'avaient rien de religieux malgré quelques soutanes*. On y buvait ferme, on y trouvait *pirojkis*, *vatrouchka*, *koulibiac*, *tchedoureky*, *varaniki*, *chti, oukha*, on chantait, on avait des crises de fous rires... Au fond, elle ne m'a jamais parlé de Vous, Irène.

Mais Vous étiez là.

*

– Alors tu Lui dis Vous, maintenant ? Tu sais que tu es la seule ! C'est bien la peine d'avoir eu des ancêtres qui ramaient aux galères et gravaient RECISTER dans la pierre de la Tour de Constance !

Mais mémé n'est pas fâchée et, même, l'idée de la liste a l'air de l'amuser. Elle sait reconnaître que, sans mon audace, je n'aurais jamais pu dîner avec mon grand-père le 7 juin 1914 à la *Casina Valadier*. C'eût été dommage !

– Toute petite je la savais déjà capable de tout ! explique-t-elle aimablement.

Je me suis gardée de demander si c'était un compliment...

Je voyais qu'elle avait une liste à la main. Une

* « Soutane : n. f. (*it. Sottana*) Vêtement long en forme de robe, porté par les ecclésiastiques. » Comme le jambon Marquise, espèce en voie de disparition.

liste très longue. Ma liste, sans doute... J'aurais voulu lire les noms avec elle... mais je n'osais pas.

– Irène, bien sûr, dit-elle.

– Elle était très gentille, Irène, dit Tybert. Elle aimait beaucoup les chats et avait toujours un mot aimable pour moi.

Mémé lève le nez de sa lecture et me regarde avec malice.

– Et Germaine ?

Oh, Germaine ! Comment se fait-il que je ne l'aie pas encore vue ?

– Devine ! dit mémé. Où veux-tu qu'elle soit ? Elle court les collections !

*

J'ai connu Germaine au temps où j'étais fille d'Opéra.

J'essayais une robe du soir chez Bruyère*, place Vendôme, une robe de satin pâle sur laquelle était tombée une pluie d'étoiles. Un accroc à la robe et j'étais bonne pour les travaux forcés à perpétuité car, cette robe, je ne l'essayais pas en vue de l'acheter, mais de l'emprunter, histoire de briller comme le geai paré des plumes du paon à une soirée probablement sans intérêt mais incontournable pour la jeune comédienne que j'étais.

C'est alors qu'arriva la vicomtesse Roualle de Rouville, et tout le monde se précipita pour l'accueillir.

* Bruyère, maison de couture de 1926 à 1959.

C'était une grande et belle femme, d'une telle élégance, d'une telle allure, que le mot « chic » semblait avoir été inventé pour elle.

Cette apparition n'était pas celle d'une cliente, car si le mot « chic » lui allait à merveille, celui de « travailleur » aurait pu être épinglé comme une médaille au revers de sa veste griffée.

Germaine était journaliste de mode. Elle collaborait à *Point de vue-Images du monde*, au *Parisien* et à quelques autres titres. Quand je l'ai connue – c'était pendant que Louis tournait avec Maurice –, elle avait déjà plus de soixante ans.

Elle était somptueuse.

Comment imaginer qu'elle n'avait pas un sou et travaillait avec frénésie pour l'amour de son vieux et délicieux mari ?

Filleul de Ferdinand de Lesseps, Paul était né au Caire, dans un palais oriental d'où il s'était sauvé à l'âge de dix-huit ans pour gagner Londres, et entrer dans les cuisines du *Savoy* comme aide-saucier.

Ces deux aristocrates étaient deux vrais anars. Ils n'avaient pas d'enfants et s'en félicitaient. Ils les détestaient.

La robe éclaboussée d'étoiles plut à Germaine et lui donna l'idée de faire des photos de mode avec moi, pour *Point de vue*.

Le vicomte voulut me connaître.

Je passai l'examen avec succès.

Puis ils voulurent connaître Louis.

Mention très bien !

Ils étaient délicieux. Lui venait d'un passé exotique et défunt ; elle vivait dans une activité parisienne terrifiante. Avec Germaine on découvrait le monde de la mode, léger comme une mousseline, brillant comme un semis de paillettes ; monde du luxe apparent et du travail invisible que, toute sa vie, dans ses articles, ouvrière des mots, elle ne cessa de raconter.

Sans le savoir nous étions devenus leur famille. Ils disaient toujours : « Nous détestons les enfants ! » mais ils adorèrent les nôtres et en furent adorés.

Paul mourut pendant *Docteur Caraïbes* quand nous étions en Guadeloupe. J'eus la chance de pouvoir veiller sur les années de solitude de Germaine. J'aurais voulu pouvoir rendre sa fin la plus douce possible. Hélas ! il n'en fut rien.

Les vieilles dames ne devraient jamais tomber.

Les chutes leur cassent la vie comme verre, avant de nous briser le cœur.

Après, nous ne pouvions que l'aimer encore plus. Sa mort fut un deuil pour tous les miens, et je ne voulus pas de cette séparation abrupte et cruelle.

Je décidai de raconter Germaine dans un film.

Adieu ma chérie est l'histoire d'une amitié qui ressemble à la nôtre. Une amitié entre deux femmes de générations différentes, avec la haute couture comme toile de fond.

Je m'en fus trouver Jean de Mouy chez Jean Patou, et lui exposai mon désir de faire revivre Germaine à l'écran.

Il n'avait pas oublié la vicomtesse, son élégance, son allure, ses longs gants de veau velours, ses chapeaux de Claude Saint-Cyr et les vastes manteaux que Mademoiselle Grès avait créés en pensant à elle,

elle qui « emportait » la toilette comme une déesse. Il accepta de recevoir l'équipe du film pendant huit jours.

Il fallait seulement trouver une interprète aussi somptueuse. Ce fut Lise Delamare, et je me souviens des yeux brillants de larmes de Régine Doloy, l'attachée de presse de Jean Patou, quand, le premier matin, elle vit Lise prête à tourner et qu'elle la prit pour Germaine. Les gants, le chapeau, le manteau... et, surtout, la même allure, la même grâce qui, déjà, appartenaient à une époque révolue.

Celle de l'élégance.

*

Régine nous avait prévenues, un danger nous menaçait : les mannequins.

Pas gentilles ? Oh, si ! Trop gentilles !

Il fallait absolument leur résister, sinon elles nous bourreraient de darioles, de chocolats et de macarons de chez Ladurée. Je n'ai jamais vu tant manger que ces longues lianes, toutes mères de famille, surmenées, charmantes. On rêvait devant les robes perlées et strassées commandées par les princesses du Golfe. Souvent on découvrait une petite robe pour leur fillette de cinq ou six ans. La même. Qui coûterait – je parle de celle de la bambine – dans les dix ou quinze millions de francs légers. Comme on dit vulgairement, il y a des inégalités. L'univers de la couture est un univers à double face. D'un côté la cliente capable de sortir des millions, de l'autre une population laborieuse capable de sortir des merveilles.

Sorte d'équilibre écologique assez semblable à celui du renard et du petit poulet.

La cabine était une haute grotte où des crinolines, des tuniques, des drapés de soie formaient une voûte mouvante et gracieuse comme un corps de ballet au-dessus des tables de maquillage où, vêtues de blanc, le chignon impeccable, l'œil fait comme celui d'une divinité hindoue dès 8 heures du matin, dévorant un baba chantilly ou une religieuse, se préparaient les mannequins. Autour d'elles, des habilleuses, des vendeuses, et, toujours présente, la délicieuse Régine. À côté de ces grâces : nous. Nous, encombrants, pesants, bruyants, criant : « Silence ! » à des clientes étonnées, occupant les salons, plantant des projecteurs comme des lampadaires et, malgré tout, ne récoltant devant cette invasion que des sourires.

En rentrant de Camargue où se tournait la fin du film, je trouve une invitation pour le défilé de la nouvelle collection qui devait avoir lieu le jeudi suivant. Coïncidence amusante, le défilé se déroulait au Cercle Interallié, rue Saint-Honoré, à deux pas de l'Élysée, et ce jeudi-là était le jour où Mitterrand prenait officiellement possession du Palais présidentiel.

En arrivant au Cercle, je fus surprise par l'âge moyen de créatures que je pris pour les clientes du couturier. Régine m'expliqua que la présentation n'avait pas lieu devant des clientes, mais des dames du Cercle. On aurait dit que Vaucanson venait de lâcher tous ses chefs-d'œuvre sur le XXe siècle. Je regardais ces petites vieilles s'agiter comme des poupées, gestes menus, voix haut perchées, rires en cascades, chuchotements inaudibles. Je ne vis point de perruques poudrées, mais certaines portaient encore la mouche et le rouge sur leurs visages plâtrés. Et tous leurs pépiements finissaient par faire un vacarme. Je retenais mon souffle, craignant de les voir soudain se casser, à bout de ressort, et rester, bras ballants, sur les marches de velours pourpre du grand escalier où l'huissier aurait été obligé de les ramasser afin de remonter la mécanique.

Au premier étage le vacarme se déchaînait. Les marionnettes se regroupaient autour de longues tables préparées pour le thé. Le beau jardin derrière les hautes fenêtres, les chaises dorées, les nappes damassées, les boiseries et les girandoles, tout cela me fit basculer dans le temps. Je me disais : « Quelqu'un se trompe, ce n'est pas Mitterrand qui s'installe en ce moment à l'Élysée, c'est Casimir Perier ! »

Jean de Mouy m'aperçut, et, me prouvant par sa présence que nous étions bien le jeudi 21 mai 1981, il m'accompagna à sa table. Quel Gotha ! Que de princesses, de marquises, de duchesses ! Je crois même qu'il y avait une reine, mais très ébréchée si mes souvenirs sont exacts. Le malheureux m'avait réservé une place à ses côtés, et, après avoir fait le tour de la table pour saluer ces dames qui me regardaient comme si j'avais été une tricoteuse aux mains dégouttantes de sang, il me demanda de m'asseoir.

« Nnnnon ! » glapit une duchesse en tendant un bras décharné pour empêcher ce sacrilège. Elle avait réservé cette place, depuis le retour de la dernière Croisade, pour la princesse de Kremlin-Bicêtre qui ne saurait tarder ; je devais céder le pas. Yeux brillants, serres ramassées, becs claquant sur les freesias du surtout d'argent, les dames me regardaient comme *Les Vieilles* de Goya.

Mon hôte était au supplice, j'étais aux anges. Cette féerie rétrospective, quel cadeau !

Et tout d'un coup, poignante, une voix d'homme s'éleva :

– Donnez-la-moi !

Je me suis tournée, émue, vers celui qui voulait bien m'accepter à sa table.

C'était un vieux cochon célèbre qui sucrait les fraises au milieu de quelques souvenirs de jeunesse en lambeaux, et guettait toute chair un peu moins tapée passant à sa portée.

Jean de Mouy, désireux de m'épargner une périlleuse promiscuité et voyant qu'il restait une place à la table de la marquise de Culmont-Chalindrey, préféra me diriger vers elle.

« Nnnnon ! » glapit-elle avec force. Elle avait réservé cette place, depuis Koblenz, pour la nièce de son cousin Mérovée qui ne saurait tarder.

J'éclatai de rire. Pas fâchée, mais prête à partir. Alors Régine Doloy, stupéfiante de fraîcheur au milieu de ce musée, sortit d'une porte dérobée, prit ma main et m'entraîna en coulisses chez les mannequins.

Les lianes partagèrent leur goûter avec moi (babas chantilly, puits d'amour et macarons à la banane) avant de passer les robes de rêve qui obtinrent d'abord le silence sidéré du Gotha, puis ses frénétiques applaudissements.

Au moment où je m'en allais, après le défilé, descendant à petits pas sur le velours pourpre du vaste escalier pour ne pas bousculer les belles d'autrefois, j'entendis une phrase qu'une petite dame, toute bossue sous sa voilette, ses cheveux parme et son mantelet de vair, adressait à une compagne de son âge portant perruque blonde et collet noir :

– Ça vous paraît bien sérieux, Cléophée, ce gouvernement socialiste ?

– Sérieux ? Qui ?

– Ce gouvernement socialiste ! hurla la bossue dans l'oreille de Cléophée.

– Ah ! Charmant ! Charmant ! répondit Cléophée. Ce sont des gens très bien élevés, nous avons chassé avec eux chez les Chose !

*

Germaine est arrivée dans un tourbillon d'étoles soyeuses, auréolée de *Vol de Nuit*, son parfum préféré, aussi affairée que quand elle sortait de chez Balmain ou Balenciaga.

Elle m'embrassa comme si nous nous étions quittées la veille.

– Alors ? demanda mémé. C'était bien ?

– Très, très bien ! dit Germaine en lui tendant le catalogue qu'elle tenait à la main.

Le programme du défilé était écrit en hébreu, mais je lus sans peine :

ÉVOLUTION DE LA MODE
PENDANT L'ANCIEN TESTAMENT

Mémé regardait les photos de presse.

– Oh ! les robes du soir de la reine de Saba sont superbes ! Oh ! Oh, le déshabillé de Bethsabée ! un peu osé ! Et la reine Esther en mariée ! Elle a dû être très applaudie ?

Germaine me regardait. Je la sentais aussi attentive, aussi soucieuse de moi qu'elle le fut dès notre rencontre, le jour de la robe semée d'étoiles.

– Tu as maigri, dit-elle.

– Vous trouvez aussi ? Mémé venait à la rescousse. Tu devrais prendre un fortifiant et te coucher moins tard !

Je me mis à rire. Ces deux femmes qui ne s'étaient pas connues sur la Terre avaient veillé sur moi avec la même tendresse inquiète contre laquelle le Temps ne pouvait apparemment rien.

– Est-ce que tu manges assez ?

– Mémé ! tu sais que je suis plus vieille que toi ?

– Oui, mais je suis toujours ta grand-mère !

Elle était un peu fâchée.

– Jeanne, ma chère, dit Germaine pour changer de conversation, Jeanne, devinez le thème de la prochaine collection... :

JÉSUS ET LA MODE FÉMININE !

– Non ?

– Si !

– Oh ! vous m'emmenez ?

– Bien sûr ! Et c'est Marie Madeleine qui a tout organisé, et qui fera une conférence !

– Une femme remarquable !

– Remarquable ! Qui a toujours voulu faire reconnaître le féminisme de Jésus !

– Comme il était en avance ! soupire mémé.

Je me demande si, aujourd'hui encore, Jésus n'est pas toujours en avance ?

Et c'est peut-être ça le miracle ? C'est peut-être ça la victoire ? Lutter pour ce qui n'est jamais définitivement acquis...

– Sauf ici !

Elle lit dans mes pensées, ma grand-mère plus jeune que moi.

– Allez, mange ! dit-elle en me beurrant une tartine.

J'allais mordre dedans quand Germaine a demandé :

– Louis ne t'a pas accompagnée ?

J'ai eu froid tout à coup, et je me suis retrouvée sur le divan de la datcha entre Pélardon et Tapenade.

J'avais peur.

*

C'est bête mais, chiffres en mains, à partir d'un certain âge on ne peut s'empêcher d'y penser.

La Mort.

Ce n'est pas l'idée de la mienne qui m'épouvante. C'est l'idée de la déchirure de cette chair unique qui est celle du couple.

Marc Bernard dit que c'est seulement après la perte de *la Bien-Aimée* qu'il a réalisé avoir vécu une féerie...

Dans la Chambre de Goethe, j'avais appris par cœur la contestation à jamais mémorable entre Eudore et Cymodocée, à la fin des *Martyrs*, quand on va lâcher les lions sur eux dans l'arène :

... chacun des deux époux voulait mourir le dernier.

« Eudore, disait Cymodocée, si vous n'étiez pas blessé, je vous demanderais à combattre la première ; mais à présent j'ai plus de force que vous, et je puis vous voir mourir.

– Cymodocée, répondit Eudore, il y a plus longtemps que vous que je suis chrétien : je pourrai mieux supporter la douleur ; laissez-moi quitter la terre le dernier. »

Vouloir mourir le dernier peut paraître égoïste à qui n'aime pas, et pourtant...

– Ça va pas la tête ? dit Pélardon. Qu'est-ce que c'est que ces propos sinistres ? Ce n'est pas parce que tu n'as pas rencontré Louis chez Tybert qu'il faut sortir les mouchoirs !

– C'est peut-être ta faute si tu ne le vois pas..., avance Tapenade.

– Il est libre d'aller où il veut !

– Comme toi !

– Et c'est quand même avec lui que tu dînes ce soir !

– Comme tous les soirs !

– Et il a monté une bouteille de châteauneuf-du-pape !

– Et Maria a parlé d'une omelette aux cèpes !

– Alors ?

La féerie.

*

Je suis bien à la datcha.

Je l'ai achetée, prête à construire, il va bientôt y avoir vingt ans.

Elle domine une colline qui fut jadis consacrée aux druides. J'y ai planté des arbres, j'y ai cueilli le gui à l'An Neuf et nourri des oiseaux plus rapides que mes chats.

Je ne nourris pas les créatures du ciel que de miettes et de graines, mais de musique dont ils sont friands.

Il fait frais sous les branches de ma petite forêt, aussi il y a toujours du feu dans la cheminée, même au cœur de l'été. On l'entend crépiter ; c'est le battement de cœur de la datcha. Pélardon somnole devant le foyer, son œil absinthe à peine entrouvert suit le merle qu'il n'attrapera jamais.

Je suis bien à la datcha.

Merci, les druides !

Car le fait d'aimer un paysage, une maison, un jardin n'entraîne pas toujours la réciproque.

Il y a des lieux charmants qui se refusent à vous sans raison apparente. Il y a des maisons délicieuses prêtes à tuer pour se débarrasser de votre présence.

J'en ai connu une à qui j'ai échappé de justesse. Elle n'a pas survécu.

Mais il y a aussi des rencontres miraculeuses. Vous franchissez un seuil inconnu et tout vous souhaite la bienvenue ! Vous étiez attendue là depuis toujours.

Pourquoi ? Il n'est pas intéressant de le savoir, mais de le vivre.

Ce fut ce qui m'arriva lorsque je vins pour la première fois à Chantilly.

Rien de plus exigeant que les demeures historiques. Ces vieilles dames imposantes et fragiles ont tous les soucis de leur âge. Toiture, sécurité, chauffage, santé des tableaux, des livres, des meubles, entretien des parquets, des bronzes, des marbres, des jardins, des bassins.

Des cygnes et des canards.

Mon père ne venait que pour affronter et régler les intarissables problèmes dont dépendait la vie de l'immense domaine où se mêlent la pierre, les eaux et la forêt.

Moi j'étais en visite dans des lieux qui, dès mon arrivée, ne me voulurent que du bien.

Les logements de fonction ne sont pas à l'intérieur du château qui fut reconstruit à la fin du XIXe siècle pour abriter les collections du duc d'Aumale, mais dans un bâtiment plus ancien, plus classique, le château d'Enghien, qui lui fait vis-à-vis et se dresse face au champ de courses et aux Grandes Écuries, tout au long d'une terrasse géométriquement couverte de graviers et de pelouses à la française.

La Terrasse des Adieux.

Je l'appelai ainsi dès que je la vis.

Pourquoi la Terrasse des Adieux ?

Parce que je savais qu'un jour il me faudrait prendre congé de ma dernière escale seigneuriale, dire adieu à cette succession de grilles, de portes monumentales, de couronnes, de blasons, de douves, de cours d'honneur, de marbres et de pavés du roi, qui furent le décor de mon enfance et d'une partie de ma vie.

Et je savais que c'était là que se déroulerait la cérémonie des Adieux.

*

D'autres ont vécu plus longtemps que moi à Chantilly, mais je me demande si quelqu'un a profité plus que moi de ses charmes secrets ?

Y venir avec Louis et nos enfants retrouver mes parents pour des réunions de famille était naturel, surnaturel et délicieux. Mais souvent je restais seule dans l'appartement du château d'Enghien. Alors le château et ses terres se livraient à moi comme ils ne l'auraient jamais fait si je ne m'étais pas présentée à eux dans un total état de solitude. La solitude choisie. Pas la solitude de l'être abandonné, dépouillé, rejeté. Non, la solitude de l'ermite, de la danseuse, du sportif qui s'entraîne. La solitude de l'écrivain.

Navigateur solitaire dans le vieux château silencieux, j'ai affronté cet océan sans limites où l'on n'a que soi comme compagnon.

Avec des rites, des scansions, des repères aussi réguliers, aussi respectés que le battement du claquoir dans un monastère.

Le gardien ouvrant les volets ; le gardien préparant le feu dans le salon ; le gardien fermant les volets...

Bruit du feu. Bruit du XIXe siècle craquant dans la cheminée de marbre noir et s'alliant à la musique qui accompagne ma longue méditation au bord du foyer, en compagnie d'une petite souris pas farouche qui me rejoint, le soir, s'assied sur son derrière et me regarde. Je la regarde. On se regarde, puis elle disparaît dans un trou si petit que je crois avoir rêvé. Mais je ne rêve pas puisqu'elle revient le lendemain.

Dans la nuit, devant la façade illuminée du château, chiens et monstres de pierre montent la garde.

Avant de m'endormir dans le grand lit bateau

Charles X orné de sphinx de cuivre, je les regarde tandis que Wagner, Mahler ou Beethoven prennent possession de l'obscurité de ma chambre.

Alors, transfiguré, anobli par le pinceau des projecteurs, le rêve Renaissance du duc d'Aumale prend des allures de décor pendant l'ouverture d'un opéra.

*

Bien sûr, le musée Condé, les collections, les trésors, la bibliothèque, les cathèdres vêtues de cuir bleu, frappées de fleurs de lys d'or, la série « œil » de la famille d'Orléans... chacun a droit à un œil. Un seul. Miniature exquise, dissection atroce. Fragonard et Dupuytren... Petits bijoux anatomiques délicieusement encadrés.

Sous-sol.

Tombeau glacial creusé dans le rocher des origines.

Froid des pièces encastrées entre les douves et l'eau...

Bien sûr, la ville elle-même. On pense à Valognes, à Versailles, à Saint-Germain, à toutes les villes à couronne.

Bien sûr, le cheval ! Et ces couples que l'on croise chez le pâtissier et le traiteur. Les petits jockeys et leurs grandes épouses Barbies tellement bien habillées. Pouliches de luxe, robe luisante et bien lustrée.

Bien sûr, la société cantilienne ! Je la devine derrière les hautes portes cochères, au fond des cours pavées. Je la devine, retranchée dans les folies et les pavillons de chasse du bord de la Nonette.

Mais ce que je recherche ce n'est pas le présent, c'est le passé qui craque avec le feu. Et la nature qui m'offre ses quatre saisons, se laissant feuilleter comme un catalogue vivant.

Je travaille jusqu'à l'heure où l'on ferme les grilles. Quand il n'y a plus personne dans le parc, je vais à l'aventure...

*

C'était l'heure enchantée.

L'heure du silence. Un silence feutré comme si la nature se taisait à cause d'un secret à respecter.

L'heure où je faisais le tour du parc en pédalant doucement.

La première fois, les bêtes eurent peur. Elles savaient que les grilles étaient fermées, que personne ne pouvait plus les déranger. Mon vélo fit se lever toute la sauvagine seigneuriale avec des cris d'effroi et de reproche.

C'est fermé ! c'est fermé ! devaient dire les lapins, les écureuils, les poules d'eau, le héron et l'oiseau bleu, pour me rappeler le règlement.

Puis, très vite, les habitants des jardins, du parc et de la forêt s'habituèrent à mes promenades d'avant la nuit. Et vint le temps où je sentis la confiance de la nature, le temps où j'en reçus des cadeaux.

J'assistais, chaque année, à la répétition générale du printemps, les sous-bois chuchotaient que les beaux jours étaient proches, lançant des flammes vertes d'abord timides puis éclatantes le long des rameaux nus. Les coucous se devinaient, encore fermés mais au bord de l'aveu. Près du pavillon chinois, des bûcherons brûlaient des branches, ils empilaient des bûches au pied de la Diane Chasseresse comme un hommage à la divinité.

Odeur latine des jardins de la Fontaine de mon enfance...

Le bruit désolé de la scie, la voix du feu, les gestes des hommes silencieux, tout cela avait l'air d'un sacrifice païen.

L'hiver est mort.

*

Explosion de la vie.

Jonquilles, perce-neige, primevères, microscopiques pâquerettes encore roses, timides ! Et tout un monde de feuilles vert laitue qui pointe, grouille, se gonfle, paraît en cornets, en volutes, en languettes, sous le tapis roux des feuilles mortes !

Certaines allées sont encore pétrifiées, muettes comme si elles voulaient cacher quelque chose. D'autres follement affairées. Vol d'un geai en éventail de coquette, petit oiseau masqué qui se balance sur une branche, œil noir brillant comme un bouton de bottine dans une robe orange et seigle. Pic-vert invisible et joyeux.

J'ai mes habitudes au bout d'une longue allée où le parc devient forêt, au bord d'une immense clairière, sol crevé de terriers, lieu magique où se rassemblent les lapins. Je voudrais venir la nuit pour assister à leur sabbat. Peut-être appareille-t-on pour la Lune sur ce terrain balisé de crottes et de plumes ? Je m'assieds sous un chêne vénérable. Et j'attends.

Je suis à peine assise, silencieuse, attentive, assaillie par des herbes pointues, que la nature se remet à murmurer.

Des oiseaux se confient des secrets à voix basse ; des choses craquent, vivent, piquent. Une corneille donne la note Victor Hugo. Un gland tombe comme s'il pesait une tonne. Enhardies par mon calme, des bestioles me parcourent. Je les chasse, elles reviennent tranquillement. Le silence est plein de bruits.

Un lapin me regarde, me tourne le dos, queue en l'air. Je le baptise : Monsieur de Cul-Blanc.

Un écureuil minuscule vole d'un marronnier jusqu'à mon chêne vénérable. Il est incroyable de grâce et de légèreté.

Écureuil-mouche.

Il m'envoie des épluchures sur la tête en faisant un raffut de bûcheron. Il scie quelque chose ; une petite neige de feuilles tombe sur moi. Je ris. Il disparaît.

Un petit hérisson vient vers moi sur la mousse, sans me voir. Joli, du type chien plus que du type cochon. Pas très gros. Des yeux bleus, opaques comme ceux des bébés.

Il m'a vue. Ou sentie.

Il s'est mis en boule avec un grognement-gémissement, et ses piquants dressés palpitaient de crainte comme s'il n'était plus qu'un pauvre petit cœur battant. Puis il a sorti son nez, un œil, a dû comprendre que je n'étais pas dangereuse, s'est mis à manger une infime bricole, est allé un peu plus loin, a failli se remettre en boule, y a renoncé puis est reparti d'un pas tranquille, se balançant sur ses menus pieds noirs comme s'il était sur pilotis.

*

Les Très Riches Heures de Chantilly.

Images des saisons et de leurs cortèges aussi exactes que celles des *Heures* du duc de Berry.

L'Automne. Le héron cendré, pitoyable de laideur et de maladresse, amorce un fantôme de vol sur la pièce d'eau, au-dessus de la cascade. Deux cygnes, transformés en os de seiche, la tête invisible, pêchent, tandis que des poules d'eau s'en vont à la surface comme des ricochets de chair et de plumes.

Je roule le long du hameau. Il fait très sombre sous les grands marronniers et, soudain, au bout de l'ombre, je découvre le château de la Belle au bois dormant avec des teintes pas croyables.

Je suis passée devant un projecteur et j'ai vu mon ombre vélocipédique, immense, sur le château. Les murs avaient l'air de diffuser de la lumière comme la petite fille de *La Ronde de nuit.*

Impression de rouler sur un immense champignon frais à odeur rose et tendre.

*

Les cygnes. Créatures terrifiantes. Ils sont aussi méchants qu'on le dit. Ils sifflent, trompettent, se gonflent, se donnent des coups de bec, se pincent. Œil noir, méchant.

Mais créatures si belles ! Vol d'un grand cygne sur le jardin à la française. Il vole à quelques mètres du sol avec un bruit de drapeau froissé par le vent. Étrange vaisseau spatial. Blancheur parfaite qui s'assortit à cette forme effilée, calme.

Parfaite.

Je les nourris. Prudemment. Fabuleux de les voir s'envoler, puis freiner sur l'eau avec leurs pattes pour s'arrêter. On dirait des hydroglisseurs.

Goinfres, les cygnes.

Cri d'un oiseau mystérieux sur la plus haute branche...

Il n'y a pas d'oiseau. Il n'y a qu'un cri invisible.

*

L'Hiver. Annonce pathétique délivrée par la Nature.

Mise en scène, machinerie, effets spéciaux, grands moyens ! Une nuit Chantilly devient un navire en perdition.

Aux dernières lueurs du jour j'étais passée le long des allées froides et, tremblants, gémissants, les cygnes étaient presque venus me manger dans la main. Les parents et leurs deux poussins gris, taille adulte, duvets et voix de bébé. Émouvants et lents, ils s'approchaient de moi sur leurs pieds noirs d'homme grenouille. Prudente, je me tenais sur mes gardes, mais ils voulaient seulement m'envoyer le message de l'hiver, la crainte du gel et de la faim, la peur de la mort sur un rivage cristallisé.

Les trois hérons (sont-ils trois ou sept ?) se laissaient aussi voir de plus près, bêtes de la fable, des chevauchées et de jadis. L'un d'eux me fit même cadeau de son envergure en ouvrant grand les ailes, et je crus le voir plaqué sur un bas-relief égyptien.

Gris des pierres et gris des toits, les hérons portent les couleurs du château et se fondent en lui entre chien et loup.

Un vol de corbeaux croisa un vol de tourterelles. J'aurais voulu savoir lire les signes...

Les carpes sautaient hors de l'eau jusqu'à la taille, et les feuilles épargnées par l'automne tombaient et couraient dans les allées.

Ce n'était que les prémices.

C'est la nuit que la tempête s'est déchaînée. Tout craquait. À chaque instant il me semblait que quelqu'un entrait, que des ombres s'introduisaient par les portes, les fenêtres, que je n'étais pas seule...

J'étais dans le vestibule, serrant contre moi la *Petite Musique de nuit*, et c'était si merveilleux d'entendre craquer la maison comme une vieille caravelle de la marine en bois que j'ai éteint.

Je suis montée, lentement, guidée par la musique, la musique que, parfois, le vent recouvrait et, peu à peu, je m'habituais à l'obscurité relative à cause de l'œil-de-bœuf et de la fenêtre du palier dont on ne ferme jamais les volets. Et je m'élevais dans une lueur dorée et sourde qui semblait naître de Mozart.

Quand je fus sur le palier, quand j'eus écarté les légers rideaux de mousseline, je regardai le gros navire dans la tempête, et je suis sûre de l'avoir vu trembler.

Immobile derrière la fenêtre, je dévorais l'image

inouïe que j'avais devant les yeux. Je me disais : « N'oublie jamais ! » Mais j'étais bien tranquille.

Avais-je oublié Versailles ?

*

Une autre année, un autre hiver, ce fut la neige qui recouvrit le domaine comme si elle voulait le cacher aux yeux des humains.

Réveil à l'aube ; les projecteurs brillaient encore devant le château. Je suis allée jusqu'à la fenêtre.

Saint-Pétersbourg.

Une géométrie de neige et de cristal, des pierres noires d'ombre, des pièces d'eau gelées et, sur le pont du Connétable, trois petits poneys à la chevelure sombre. Minuscules. Perdus. Échappés sans doute d'une écurie ou chassés d'un pâturage par le froid et la neige. Je les revis de l'autre côté du château par la fenêtre du couloir.

Leur petite taille, leur marche hésitante les faisaient ressembler à des enfants égarés dans la forêt.

Puis ils disparurent tous les trois derrière les arbres, regagnant sans doute la vieille légende d'où ils s'étaient évadés un instant.

*

Les cygnes, la tempête, la neige, les fleurs et les écureuils trapézistes... quelle guirlande de joies...

Et pourtant, un jour, je devais haïr cette maison.

Je lis dans le dictionnaire Larousse en deux volumes, de 1922 : *Le dernier survivant de la race tasmanienne, une femme, est morte en 1876.*

Ça m'a serré le cœur. Nous sommes, nous aussi, une espèce en voie de disparition... Souvent je pense à Alice nageant avec le dodo au Pays des Merveilles.

Le dodo, espèce disparue.

À qui le tour ?

Elle vint dîner à *Coin Perdu* un soir du printemps 83, amenée par nos fils.

Elle avait les plus beaux yeux du monde et ne cachait rien des tendres sentiments qu'elle éprouvait.

Mais pour qui ? Son attitude était aussi affectueuse avec l'un qu'avec l'autre. Je voyais que, comme moi, Louis cherchait un indice et, comme moi, n'en trouvait pas. Cependant nous remarquâmes qu'en parlant de François elle disait : François II, alors qu'elle n'avait pas donné de numéro d'ordre à Nicolas.

Nous nous demandions qui était François Ier. Elle nous affranchit elle-même, avec un sourire radieux. Il ne s'agissait pas d'un roi mais d'un président de la République.

L'actuel locataire de l'Élysée.

C'était dit avec une simplicité désarmante. Elle ajouta en regardant tendrement François II que c'était fini avec François Ier mais qu'elle avait gardé avec lui les relations les plus amicales et les plus privilégiées.

Elle parlait de lui avec passion, révérence et piété. Marie Mancini, Mesdemoiselles de Fontanges et de La Vallière se seraient tordues de jalousie devant tant de fidélité au bon vouloir du Roi.

Elle était intarissable sur les vertus de François Ier. Nous l'écoutions en silence, et ce silence ne décourageait pas la conteuse qui ne nous cachait rien des goûts culinaires, des lectures préférées, des petites manies, du caractère charmant du chien chéri et des pratiques amoureuses de celui qui faisait encore briller ses yeux qui étaient vraiment très beaux.

Malheureusement, au moment où arrivait la crème renversée, elle se tourna vers moi pour dire d'une voix émue que mon père, depuis l'avènement de François Ier, en 1981, devait être l'homme le plus heureux du Royaume.

La malheureuse ! Que venait-elle de dire là ! Le plus heureux du Royaume ? Loin de là ! Le plus furieux peut-être !

Pendant la campagne présidentielle nous avions vu un carton apparaître sur le petit écran :

« André Chamson soutient la candidature de François Mitterrand. »

Le 11 mai 81 au matin, maman nous avait dit avec un enthousiasme juvénile : « Ah ! comme j'aurais voulu, hier soir, aller danser à la Bastille ! » Ils croyaient retrouver *le serment solennel pour défendre et développer les libertés démocratiques et pour assurer la paix humaine.*

J'ai cru qu'ils allaient être heureux. Jeunes !

Hélas, leurs rapports avec la nouvelle majorité s'en étaient tenus là.

Silence absolu de l'élu.

– Ce n'est pas possible ! crièrent les beaux yeux. Vous devez vous tromper ! C'est certainement un malentendu ! Enfin, votre père est un homme de gauche !

Lui, oui. Justement. Et c'était bien pour ça qu'il était triste...

Il est vrai que *Vendredi*, le Front populaire, le Congrès des écrivains antifascistes n'étaient pas des souvenirs qu'il pouvait partager avec François Ier, non, mais ni la guerre, ni la Résistance, ni le service de l'État ne semblaient avoir mérité le plus petit signe du monarque.

Les beaux yeux éclatèrent en sanglots.

C'était épouvantable. Un spectacle navrant, désolant. Un chagrin que rien ne semblait pouvoir consoler, et je me sentais déchirée entre mes devoirs filiaux et mon sens de l'hospitalité quand, après s'être mouchée et avoir bu un verre d'eau, la malheureuse nous demanda :

– Vous préférez un déjeuner à l'Élysée ou rue de Bièvre ?

Nous nous regardâmes tristement, persuadés que la pauvre fille était mythomane profonde et, pour ne pas ajouter à sa peine, nous jouâmes le jeu.

L'Élysée ? La rue de Bièvre ? L'un ou l'autre serait charmant ! Mais n'était-ce pas plutôt au Président et à son invité de choisir ?

Elle fut d'accord avec nous, sortit un petit carnet de son sac, nota le numéro de téléphone de mes parents, décida que, pour le menu, on verrait plus tard, retrouva sa gaieté jusqu'à la fin de la soirée et partit en disant :

– Soyez sans inquiétude ! Je vais tout arranger entre François Ier et votre père !

– La pauvre ! dit Louis en refermant la porte.

*

Huit jours plus tard ma mère me fait une confidence.

– L'Élysée a téléphoné avant-hier, me dit-elle. Le Président voulait avoir ton père à déjeuner.

Je restai muette. Sidérée.

– Il voulait parler avec lui. Il a fallu dire non.

Elle ne prononce pas le mot, mais elle pense à la Mort. Elle sait que mon père n'en a plus pour longtemps. Que va-t-elle devenir quand il ne sera plus là ?

– Pourquoi maintenant ? Pourquoi si tard ? Tout d'un coup le désir de voir ton père avait l'air urgent... à l'Élysée ou rue de Bièvre, ajoute-t-elle en souriant. Je n'ai pas compris pourquoi cette invitation n'était pas arrivée plus tôt. Je ne comprends pas non plus pourquoi, soudain, elle arrive ?

Moi si.

Mais je n'ai rien osé dire.

*

Je suis partie pour Chantilly. Je voulais avancer dans *La Citoyenne*.

Juin éclairait la nature d'*un soleil luyant clair et*

beau. La forêt bruissait de plaisir, les jets d'eau des bassins réjouissaient les visiteurs...

J'avais un peu honte de ne pas avoir dit la vérité à ma mère. Lui avouer que l'invitation tant attendue n'était due qu'à la gentille intervention d'une ancienne favorite restée bien en cour me serrait le cœur. Mais je décidai de le faire quand même.

Je n'en eus pas le temps.

Le téléphone sonna dans la radieuse lumière du printemps. J'étais vêtue de rose avec une ceinture et des souliers dorés comme dans la chanson, et ma mère venait de mourir.

*

J'avais quitté le grand château soudain vide, comme pétrifié par un sortilège, après avoir frappé à toutes les portes pour annoncer... quoi ? J'espérais encore, mais je savais déjà, et une phrase de la Marguerite de Goethe que ma mère aimait tant accompagnait ma course folle vers Paris :

« Le monde est désert comme un tombeau ! »

*

À 22 h 10, tandis que je veillais ma mère, Josée, la chère Josée qui était entrée chez mes parents comme cuisinière en 1937, se mit à crier :

– Il faut prévenir le président de la République ! Tout de suite !

Elle n'était pas devenue brusquement folle, elle

venait de se souvenir que François Mitterrand avait annoncé sa visite pour le lendemain.

J'ai téléphoné à l'Élysée.

J'ai demandé qu'on prévienne le président de la République. Il fallait annuler le rendez-vous. Nous avions eu une autre visite.

*

Nous n'avons jamais revu les beaux yeux.

*

Et ce fut le temps de la désolation.

Le temps où nous fut donnée la preuve qu'Eudore et Cymodocée ne se trompaient pas en imaginant que la vie sans l'autre est plus cruelle que la mort.

Souvenez-vous, Ami-Père, vous étiez là comme vous aviez été là pour Maurice. Mais cette fois vous étiez là, *de l'autre côté du fleuve*, vous le disiez, en ajoutant : *mais c'est le même fleuve*.

Comme la religion est belle quand elle est désintéressée !

Comme vous nous avez aidés !

Je ne revins pas à Chantilly pendant les derniers mois de mon père sur la terre. Il me disait :

– Dès que j'irai mieux, je retournerai là-bas.

Il n'alla pas mieux et mourut sans avoir retrouvé le domaine.

Il fallut bien reprendre le chemin que j'avais pris tant de fois dans la joie.

*

Partir. Partir le plus vite possible.

Mais avant il faut accomplir les gestes funèbres.

Descente dans l'hypogée.

Violation de ce qui reste de volonté vivante dans les tiroirs, les armoires, sur les rayons des bibliothèques. Rassemblement des alluvions déposées au long de tant d'années.

Classer, jeter, donner, brûler, recueillir...

Rencontre au fond d'un placard avec une nappe brodée de fils d'or que Louis offrit à ma mère en rentrant d'une série de représentations à Beyrouth.

Elle est désormais à nous, la belle nappe phénicienne, quel chagrin !

Rien n'est plus triste que de récupérer (mot affreux) ce qu'on a donné. Comme ce collier de pierres bleues...

Je me hâte de partir, je n'ai plus rien à faire ici. Que mon deuil.

Je le fais seule.

Tout le monde travaille.

Louis joue *Domino* en tournée, Catherine vient d'entrer à *Marie-Claire*, Nicolas est régisseur adjoint sur un James Bond qui traverse Paris, François est l'assistant de Michel Wyn sur un tournage lointain.

Tout est prêt, ou presque. Demain matin une camionnette emportera des cartons de souvenirs et je refermerai la porte.

Je n'ai pas faim.

Je n'ai pas sommeil.

Je voudrais – déjà – être partie.

*

La nuit était tombée depuis longtemps quand j'ai entendu la sonnette de l'entrée.

J'ai pensé que c'était un gardien, quelqu'un du domaine, qui venait prendre congé de moi ou me communiquer une dernière consigne.

C'était Nicolas. Mon fils.

Il amenait du champagne, du foie gras, des fruits...

J'ai eu très faim tout à coup.

On a dîné dans la grande salle à manger, sur l'or de la nappe de Beyrouth, on a allumé des flambeaux, on a bu le champagne dans des verres à moutarde parce que les beaux étaient déjà emballés.

Ça me rappelait l'occupation, les châteaux de la *Joconde* et du *Scribe accroupi*, notre vie misérable au milieu de splendeurs...

Quel bel héritage que celui des biens que l'on ne possède pas.

Personne ne peut vous les reprendre, ils sont à l'abri de la mémoire. Inaccessibles.

Voyant Nemausus aller des Arènes à la Maison carrée, de la tour Magne à la porte d'Auguste, la petite fille qu'était ma mère lui avait demandé :

– Tout ça est à toi, papa ?

Il avait ri et lui avait expliqué que c'était le contraire qui était vrai.

C'était lui qui leur appartenait.

*

Au douzième coup de minuit, Nicolas s'en alla rejoindre 007. Mais avant de nous séparer, nous avons ouvert la grande porte du vestibule, celle qui donne sur la Terrasse des Adieux, celle qui reste toujours fermée.

Le château resplendissait comme s'il avait été au courant, comme s'il avait su que je partais.

Je le regardai une dernière fois, et lui dis :

– Je ne reviendrai jamais.

Tempo di Roma, una volta di più !

Irréalité vérifiée de ce que nous retrouvons. Rome, copie conforme de Rome, déconcerte comme peut déconcerter l'hyperréalisme d'une peinture.

Prenez les Suisses, par exemple : ils sont si vrais qu'ils ont l'air faux !

En 1987, nous avons écrit *Le Mari de l'Ambassadeur*, Louis, François et moi. François va le réaliser dans des décors difficiles à obtenir : le Parlement européen, le Quai d'Orsay, la Villa Médicis, et le plus inaccessible de tous : le Vatican.

Deux sésames nous ouvriront ses portes.

Le premier nous est délivré par l'amitié. Celle des Jean-Bernard Raimond. Louis et moi nous leur avions raconté l'histoire de Sixtine la protestante et de Sa Sainteté le pape Innocent XIV, quand Jean-Bernard était ministre des Affaires étrangères. Nous ne savions pas qu'à la fin de la cohabitation, il allait être nommé ambassadeur de France près le Saint-Siège. Comme Sixtine ! Nous ne savions pas encore que sa confiance et celle de Monique allaient nous servir de passeport pour pénétrer dans les lieux les plus fermés de Rome.

Et aussi dans le cœur de ces personnages qui, pour moi, faisaient encore partie de la Fable : les princes de l'Église.

Le second sésame était une petite phrase que je me sentais obligée de dire, par simple honnêteté :

« Je suis protestante. »

Alors, là, les murailles papales tombaient !

Il est vrai que si j'avais dit : « Je suis catholique », ça n'aurait épaté personne au Vatican.

*

Tempo di Roma, moments rares à l'ambassade, approche inoubliable de la cité de saint Pierre pour une descendante des Camisards. Depuis la classe Dussane au Conservatoire, j'ai eu peu d'occasions de faire la révérence. Je rattrape joyeusement le temps perdu avec les Monseigneurs et les Cardinaux. Je regrette mon cher Norbert Calmels qui fut mon premier évêque, mon guide et mon ami dans la Ville Éternelle ; je voudrais lui raconter ma joie ! Je parle de lui avec Monseigneur Jean-François Arrighi, ineffable conteur, curé de la Trinité-des-Monts, qui, un jour, en voisin, prête sa calotte violette à un comédien qui a perdu la sienne pendant le tournage à la Villa Médicis. Je parle de lui avec Giacomo.

Je dis Giacomo parce que, dès la première visite que je lui fis dans ses appartements donnant sur l'abside de Saint-Pierre, le cardinal Giacomo Martin entra dans mon cœur pour n'en plus sortir.

Il fut mon ami, il est maintenant dans mon laraire, au milieu des miens.

Je venais goûter avec lui.

Riquette allant goûter au Vatican avec un cardinal... Tu te rends compte, mémé !

Qu'est-ce qu'on a ri ensemble !

Et même : rigolé. Comme des gamins.

On faisait des concours de mémoire. On se récitait des poèmes. On gagnait à tour de rôle...

On a aussi beaucoup parlé tous les deux de mon baptême auquel je pensais de plus en plus.

Il savait que je serais protestante.

Il n'essaya jamais de prêcher pour sa paroisse. Il m'encouragea même à retrouver la religion de mes pères.

Il était – déjà – dans le Secret.

*

Longue station avec François et Nicolas dans la première cour du Vatican pour définir les plans de l'arrivée de la voiture de Sixtine venant présenter ses lettres de créance au Saint-Père.

Une noce débarque pour se faire photographier *in situ.* Noce très gaie. La mariée est habillée comme Catherine de Médicis, mais en blanc. Gaillarde, marrante, effrontée.

Puis on sent sa gaieté s'effriter...

Le marié est en retard... très en retard.

Elle se mord les lèvres, tient son bouquet la tête en

bas, comme s'il était déjà fané... On a mal pour elle. Et voilà qu'elle se dispute avec son père qui, lui, est furieux. Colère énorme, italienne, sicilienne, dantesque !

À chaque voiture qui pénètre dans la cour, nous sommes pleins d'espoir. *Ecco il marito ?*

Non, ce n'est jamais le bon.

Un frère, un autre frère, encore un autre (combien en a-t-elle ?), un cousin, un oncle, un beau-frère, un neveu, etc. Elle est au bord des larmes.

Nous avons oublié que nous sommes là pour autre chose et quand, enfin, le marié arrive, nous applaudissons comme la noce et nous partons, joyeux, pour visiter les jardins de l'Ordre de Malte à côté de Santa Sabina où des plans sont prévus.

Les Altesses Éminentissimes de l'Ordre ont diligenté une enquête sur moi avant de donner leur accord. Il s'agissait de savoir si j'étais une femme convenable.

La réponse a dû être oui, puisque la fameuse porte percée de l'Œil des Chevaliers va s'ouvrir devant nous.

Longue traversée de Rome. Toujours joyeux, nous sommes arrêtés dans une petite rue, derrière une ambulance qui bloque le passage. Son hayon est ouvert, plein de fleurs blanches... Les rires s'éteignent dans la voiture. On se tait. On regarde. *Clinica.* Petite angoisse. Le chauffeur de l'ambulance sort de la *clinica* avec, sous le bras, une grosse boîte de bonbons.

Non, ce qu'il pose doucement au milieu des fleurs,

c'est un minuscule cercueil blanc orné d'une croix dorée.

Le silence nous prend et nous glace.

Animula vagula blandula...

Solitude de ce petit mort si léger. Je pense à la solitude de sa mère qui doit être dans le sang et les larmes.

L'ambulance repart. Notre voiture démarre. Le silence nous accompagne. Nous allons travailler. Entre la comédie et la tragédie, il y a la vie. Il y a nous. Il y a l'amour.

Il faut essayer de le dire.

*

Le temps avait passé depuis que Camille m'avait dit :

– Ce sera bientôt ton tour...

À quel moment ai-je pris la décision ?

Sans doute une infinité de fois, sans en être vraiment consciente. À chaque nouvelle douleur, je me rapprochais ; à chaque profonde joie aussi.

Il est parfois difficile de démêler la douleur de la joie.

Parc du collège de Buzenval, un petit garçon, François, revêtu d'une aube blanche.

C'est le jour de sa première communion.

Son père tourne à des milliers de kilomètres de là. Je suis seule à assister à la cérémonie, moi la païenne, moi la protestante sans baptême.

Au moment de s'approcher de la Sainte Table, François s'arrête et se tourne vers moi.

– Tu viens, maman ?

Je n'ai pas osé le suivre.

J'ai manqué d'innocence.

– Je comprends, a dit le petit garçon qui m'a paru soudain savoir beaucoup plus de choses que moi.

*

L'enfant qui vient au monde porte avec lui le Secret. Il est si beau, le Secret, que l'enfant voudrait le partager avec nous tous, mais il ne faut pas. Le règlement l'interdit, et l'Ange, que l'enfant voit encore de ses yeux de chaton nouveau-né, l'Ange pose un doigt au-dessus de la petite bouche prête aux révélations fulgurantes, et dit doucement :

« Chut ! »

L'enfant s'endort dans un sourire.

Au réveil, il a oublié le Secret.

Mais il porte sous le nez un petit sillon qui fait fondre sa mère.

« Chut ! »

*

Ce refus de communier avec un petit garçon qui était le mien me fit mal.

Le petit garçon eut à son tour un petit garçon, « Chut ! », et ma décision fut prise.

Je me ferais baptiser quand Paul, notre premier petit-fils, aurait l'âge qu'avait son père le jour de sa première communion.

Il serait mon parrain.

Seulement Paul, beau, tendre et poète, manifesta très vite le désir de ne pas aller au catéchisme.

Je crois bien avoir entendu ses parents dire : « Il choisira plus tard », ou quelque chose d'approchant, mais ce dont je suis sûre c'est qu'ils ne voulurent pas le contraindre, comme ils ne voulurent jamais contrarier la nature pieuse d'Alice.

Héréditaire liberté des libertés.

Sur la pointe des pieds je parlai à Paul de mon baptême, et lui dis :

– J'aurais bien aimé t'avoir pour parrain, mais je ne veux pas que tu te croies obligé...

L'idée l'enchanta tout de suite. Il est vrai qu'être le parrain de sa grand-mère est une situation aussi rare que tentante. Mais la cocasserie de la proposition n'était pas seule responsable de son accord. Je devinai une joie plus secrète et plus profonde.

Cette joie je la retrouvai chez ma marraine. Catherine, ma fille.

Claudette Marquet, mon pasteur, mon amie très chère, m'avait assuré que l'Église réformée de France ne rejetait jamais parrains et marraines d'une autre religion.

Nous avions décidé toutes les deux que la cérémonie serait intime et quasi secrète. Non que j'aie eu honte de confesser l'Évangile, mais parce que je voulais éviter pom-pom girls, fanfares, flash et carnet mondain.

Naturellement ça se passerait l'été, aux Bressous des Cévennes, en présence de Fabienne Ambs, pasteur de Valleraugue.

Deux femmes pasteurs pour la cérémonie, de quoi enchanter mémé !

À part elles – et moi – pas de protestants. Louis et

nos enfants sont catholiques. L'inventaire révélait également trois agnostiques, deux francs-maçons et un descendant de la lignée de David.

– Aucun problème, dit Claudette, sauf...

Sauf ? Sauf pour la Cène. Claudette, respectueuse de chacun, craignait que les non-protestants – c'est-à-dire tout le monde – ne se sentent contraints ou exclus au moment de la communion, et proposait même de la supprimer.

Supprimer la communion ?

Ma communion ! de Mon Baptême ! À mon âge ! Quelle frustration !

Je fis rapidement un tour de table.

Tout le monde était partant.

Tout le monde semblait même ne rêver qu'à cette communion depuis des années !

La supprimer ? Mais il aurait l'air de quoi, ce baptême (déjà pas banal étant donné l'âge du bébé) si on la supprimait ?

De nous tous la personne la plus véhémente fut Maria.

Maria est portugaise, catholique, et merveilleuse. Elle veille sur la maison et sur moi depuis des années. Elle devrait figurer au générique de tous mes films et sur la couverture de tous mes livres :

« Ce livre n'a pu être écrit, ce film n'a pu être tourné, que parce que Maria était là ! »

Ma question l'avait scandalisée :

– Parce que je suis catholique j'aurais pas le droit de communier avec des protestants ? Mais, madame, Dieu, c'est Dieu !

*

Louis avait trouvé un lieu biblique dans la montagne.

Sorte de gué de Yabboq sur le torrent de la Fageolle qui descend de l'Aigoual, l'endroit se souvenait du Désert et des Assemblées.

Pendant trois jours on débroussailla, on défricha, on bêcha, pour tracer un beau chemin parmi les éboulis, les rochers, les genêts et les bruyères.

Malheureusement le ciel s'ouvrit pour un déluge pendant la nuit qui précédait le baptême.

Dieu, c'est Dieu. Il fait ce qu'Il veut. Y compris la pluie et le beau temps.

La petite Assemblée, tendre et disparate, se replia sur la maison.

L'immense pièce blanche au plafond démesuré qui fut la magnanerie au temps des grand-mères, des chèvres et des vers à soie, devint Temple.

Elle nous avait voulus dans ses murs qui abritaient encore la cachette du Pasteur, le souterrain pour échapper aux dragons, les miroirs à double fond pour cacher la Bible.

Des Bibles, il y en avait partout dans la maison et chacune témoignait de la présence d'un ancêtre.

*

Claudette me baptisa.

*

La pluie s'était arrêtée, le pain et le vin circulaient, les petits-enfants étaient solennels. Claudette n'eut pas le cœur d'écarter de la communion Victor et Alexandre qui venaient d'avoir quatre ans. On dut leur arracher la coupe.

Anaïs n'avait pas un an, mais elle fut *émerveilleusement* sage.

J'invente le mot !

Ma marraine me donna une timbale en argent marquée de mon nom.

Riquette

Il faisait beau.

Paul me tendit son cadeau.

Il s'était fait conduire par sa mère jusqu'à une boutique d'objets de piété à Hollywood. Il avait fait son choix. Fanny l'avait respecté mais, craignant que ce choix ne soit pas très protestant, elle m'avait dit :

– Tu seras peut-être un peu surprise...

Sous l'élégant papier de Melrose Avenue, sous les couches bruissantes du papier de soie, un petit Christ de plâtre m'ouvrait les bras.

« Je sais, semblait-Il dire, je suis le premier qui entre dans cette maison parpaillote ! On n'aime pas beaucoup adorer les images taillées dans cette vallée, mais c'est un enfant qui Me mène à toi. »

Je faillis Lui couper la parole pour Lui dire qu'Il était le bienvenu.

Dans notre chambre des Bressous, le Christ de

Paul ouvre les bras entre la croix huguenote et la Bible de mémé, et je ne conseille à personne de porter la main sur ce messager du garçon qui choisira plus tard.

Je n'ai jamais oublié le chemin de chèvres que Monseigneur Arrighi m'indiqua depuis la Trinité-des-Monts, le chemin qui part du cloître à la fresque anamorphique et mène sur les hauteurs du Pincio, la verdoyante colline qui, aux temps antiques, se nommait la Colline des Jardins.

Je l'avais gravie un jour clair, serrant la bouteille Thermos de thé au citron et au miel que m'avaient donnée les sœurs de la Trinité, et plus je m'élevais sur la colline au milieu des herbes et des arbustes aux feuilles piquantes, plus je sentais que j'arrivais chez moi. Même innocence que dans les jardins en terrasses qui brodent de verdure le bas de ma montagne. Même flore, mêmes palmiers décoiffés, un peu ahuris d'être déportés d'Afrique, même vigne soutachée de sulfate bleu sur les murs d'une modeste maison. Le figuier et son odeur rude, laiteuse et poilue, les oliviers rêvant de paix et les mêmes légumes, génériques, honnêtes, sans pesticides.

Ce jour-là, en m'asseyant sur le banc de bois sous

le figuier païen, tout en buvant le thé des sœurs, face à face avec le Vatican, je songeais que tout était possible.

J'y suis souvent retournée en pensée, aujourd'hui j'y retourne en esprit.

J'ai cueilli une vrille de la vigne pour retrouver la saveur acide qui enchantait mon enfance. J'ai regardé un papillon bleu se poser sur ma main pour reprendre son vol aussitôt.

Avec un petit air farceur...

Des voix joyeuses se faisaient entendre. Des voix d'hommes... Elles venaient du chemin de chèvres. Un gros chêne me cachait encore les visiteurs. Je crus reconnaître leurs rires...

Je me levai. Et je vis, portant des paniers de victuailles et des bouteilles, s'avancer, comme les Rois mages, deux soutanes noires, une soutane blanche, Giacomo, Jean-François et Norbert.

– Nous venons pique-niquer avec vous ! dit le cardinal.

Je l'embrassai. Il devint aussitôt rouge vif.

Pas le cardinal ! Non, seulement sa robe !

J'avais toujours eu une si forte envie de le voir comme sa modestie ne l'avait jamais permis, portant la pourpre cardinalice avec la traîne, le chapeau dans le dos et la barrette à trois cornes sur la tête, et je suis enfin exaucée.

Magnifique spectacle, lui en rouge, Jean-François en noir et Norbert en blanc ! Un véritable retable !

Mais il ne faut pas abuser des caprices, la grande tenue est difficile à porter pour un déjeuner sur l'herbe, et voici de nouveau Giacomo en noir, comme il était quand je venais goûter avec lui au Vatican.

Quelle joie de les retrouver tous les trois, de les embrasser comme si on s'était quittés la veille, de déplier la grande nappe blanche et de la poser sur le sol.

Une odeur de pain chaud m'émeut comme si je n'avais pas mangé depuis des années. Du vin coule dans les verres épais que nous levons ensemble...

– Je suis le pique-assiette, le parasite ! dit une voix, et je sais qui est là.

Bernard Revon.

– Je suis venu pour parler de François...

*

Je suis restée muette, à genoux sur l'herbe piquante, tandis que les trois princes de l'église mettaient le couvert.

Je n'avais rien à cacher de ce que j'allais raconter. Au contraire ! Ni à eux. Ni à Bernard, bien sûr !

L'histoire était trop belle.

Elle commençait des années plus tôt, dans un parc, avec un petit garçon vêtu d'une aube blanche.

J'ai tout raconté. « Tu viens, maman ? », mes scrupules, mes regrets, mon baptême, mon parrain, ma marraine...

Mais l'histoire ne s'arrêtait pas là.

Elle prenait toute sa valeur le mercredi 24 juillet 2002, jour où une messe fut dite en la chapelle Sainte-Croix-de-Neuilly à la mémoire de Bernard.

*

Le public qui se pressait devant la porte de la chapelle était celui que l'on voit lors d'une avant-première. Acteurs, producteurs, techniciens, écrivains, scénaristes... beaucoup de monde. Saluts, bisous, poignées de main, sourires. C'était très gai.

Dominique Ambiel et Pierre Grimblat, les deux plus chers amis de Bernard, avaient eu la même idée.

Le célébrer.

C'était grâce à eux que nous étions réunis, et si Dominique avait fait ses études à Sainte-Croix-de-Neuilly, ce n'était évidemment pas le cas de Pierre qui est juif.

Déjà ça me plaisait, comme cette foule disparate qui entrait en silence dans la chapelle et prenait place.

Le comportement de certains prouvait qu'ils étaient catholiques, habitués au rituel, au courant des gestes.

D'autres semblaient un peu perdus.

On voyait tout de suite qu'un bénitier et un prie-Dieu n'étaient pas pour eux des objets d'un usage courant.

Ça me plaisait de plus en plus car ça ressemblait à Bernard. Je retrouvais la saveur sucrée-salée du temps des camarades.

On nous a donné des petites brochures où il y avait des prières et des cantiques photocopiés. Le prêtre était très vieux. Il regardait Dominique avec affection, comme s'il était encore le jeune élève qu'il avait connu autrefois.

Dominique a parlé.

Bien. Si bien qu'il y avait des larmes sur nos joues.

On a chanté.

Faux. Fort. Tous ensemble.

Peut-être étions-nous ridicules ? Ça nous était bien égal.

On avait tous besoin de dire à Bernard qu'on l'avait aimé, qu'on l'aimait encore.

Qu'on l'aimerait toujours.

Pierre est monté rejoindre Dominique dans le chœur, il a pris le micro, comme pour les *7 d'Or*, il a dit :

– Surtout ne croyez pas que Bernard était un saint !

Et on a tous ri en essuyant nos larmes.

Le vieux prêtre a ri aussi ; il avait l'air heureux de voir tant d'inconnus qui riaient dans sa chapelle.

Étonné, aussi... le pauvre.

Et puis ce fut la communion.

« Tu viens, maman ? » disait dans ma tête la voix d'un petit garçon. Il aurait communié en mémoire de Bernard s'il avait été là au lieu d'être à Los Angeles.

Je n'ai pas hésité.

J'ai seulement dit au vieux prêtre :

– Je suis protestante...

Il m'a souri comme si je lui annonçais une bonne nouvelle. Il faut dire qu'il était sourd. Profondément. Mais son sourire aurait désarmé l'Archi-Démon.

Le corps du Christ.

Et voilà.

*

– Donnez-lui à boire à cette petite, dit Norbert.

Cul sec.

Je suis la vigne.

Bernard vide son verre lui aussi, le tend. Soupire. Il est ému, mettez-vous à sa place !

– Heureusement que Pierre a dit que je n'étais pas un saint !

Nous non plus, Dieu merci !

Mais ce soir-là le Grand Scénariste nous avait tous accommodés à sa façon. Nous étions tous meilleurs que nous.

– Quel talent Il a ! dit Bernard, pensif.

*

Prise par mon récit je n'ai pas remarqué que le Pincio s'est couvert de monde. Il est redevenu la colline des jardins. Envolés *des palais romains les fronts audacieux* ! La nature a effacé le Vatican, la Trinité, la Villa, des hommes et des femmes sont assis dans l'herbe comme nous, et pique-niquent joyeusement.

Je découvre mémé au centre d'un groupe. On ne peut pas la manquer à cause de la pancarte :

LA FEMME DOIT VOTER !

qu'elle a plantée dans le sol romain. Autour d'elle Mary Wollstonecraft, Annie Besant, Mrs Pankhurst (née Emmeline Goulden), et je crois même reconnaître Olympe de Gouge !

Félix, lui, est avec le *professore* ; ils ont étalé une

carte sur le sol... ce doit être celle de l'Empire romain.

– Et qui est cet homme qui se penche sur la carte avec eux ? Cet homme habillé comme Jules César ?

– C'est Jules César, me dit tranquillement le cardinal qui débouche un nouveau flacon.

Jules César !

Bernard rit.

– Au début ça surprend ! Après on s'y fait ! Mais la première fois que j'ai rencontré Shakespeare, j'ai dû m'asseoir !

J'ai fermé les yeux. J'entendais des chèvres, il faisait bon, j'étais arrivée chez moi.

La Terrasse des Adieux

Et in Arcadia ego...

Je suis dans le grand lit bateau Charles X orné de sphinx de cuivre, face aux fenêtres ouvertes sur la terrasse...

Je suis à Chantilly.

Je suis venue rechercher ou reprendre mes souvenirs, comme on vient rechercher ou reprendre un gant ou une écharpe oubliés dans une demeure perdue...

C'est la force de l'amitié qui me rend mon passé, qui me tend les clefs et m'ouvre la porte de ce château quitté dans le noir du deuil.

Maurice Schumann avait été le successeur de mon père à Chantilly, et ce choix de l'Académie fut un baume pour mon cœur.

« *Ici Londres, les Français parlent aux Français...* » Je n'avais pas oublié cette voix pleine de lumière éclairant nos ténèbres. Je n'avais pas oublié que mémé et moi, la vieille dame et la petite fille, nous en avions été tricolorement amoureuses. Comment expliquer aux générations qui n'ont pas connu l'occupation ce que représentait ce fil d'Ariane porté par les ondes, brouillé par l'ennemi, capté au creux de chambres closes, de cuisines fermées à double tour, de cachettes secrètes, ce fil d'Ariane, qui, de nuit en nuit, de douleur en douleur, d'espérance en espérance, à travers sang et larmes, nous mena sans défaillir jusqu'au jour de la liberté ?

Il est déjà trop tard, et sans doute encore trop tôt, pour savoir dépeindre ce moment de la France, mais moi, je me souviens.

– Tu viens quand tu veux, m'avait dit Maurice Schumann avant même d'être installé, et Lucie avait ajouté :

– Que Frédérique reste ici aussi longtemps qu'elle le désire !

Mais je n'avais qu'un désir. Partir. Rendre à César ce qui lui appartenait. Refermer la grille sur les moments passés chez Messieurs d'Enghien et d'Aumale, en essayant de n'emporter dans mes bagages que ce qui fut heureux. Il me fallait laisser des ombres.

Je ne pus jamais revenir à Chantilly, malgré les invitations affectueuses des Schumann.

Le deuil était trop neuf. La mémoire trop à vif.

La mort de Maurice Schumann, en 1998, raviva ma douleur. Je me demandais qui allait lui succéder, avec un peu d'angoisse. Je pensais aux ombres aimées, comment s'entendraient-elles avec le nouvel élu ?

Ce fut Alain Decaux.

Joie des ombres aimées.

Ce choix aurait pu être le leur.

Cependant, malgré l'amitié que lui portait mon père, malgré tous les liens fraternels qui nous unissent, Alain, Micheline, Louis et moi, malgré leur insistance inlassable, je ne pouvais me résoudre à revenir, et à franchir de nouveau la grille des Orléans. Cela tenait du sortilège. Je nageais en pleine féerie, je retombais en enfance, tout de suite après les pâtes à potage alphabétiques, quand je plongeai dans les *Mille et Une Nuits*, les charmes, les magiciennes, les princesses qui se voilent devant un oiseau – car l'oiseau est un prince victime d'un sort – à qui seul l'Amour peut rendre son apparence.

Ou l'Amitié.

Et ce fut le cas.

Alain et Micheline ne me jetèrent pas au visage l'eau de la source Zem-Zem* qui fait fuir les démons, en murmurant une formule magique, non, ils firent mieux ! Ils nous firent boire du vin le jour où, enfin, je pus reprendre le chemin que j'avais si souvent pris pour venir écrire dans la joie de la solitude voulue.

Ce fut un dimanche. Nous n'étions que tous les quatre, et ni Louis ni moi ne fûmes tristes, même pas mélancoliques, en retrouvant la belle maison et les ombres aimées.

* Source qui jaillit dans le désert pour sauver Agar et son fils Ismaël.

Ce fut ce dimanche-là que rendez-vous fut pris pour que je revienne, seule, comme autrefois, avec une plume et du papier, écrire en regardant la Terrasse des Adieux.

*

Et voilà que le moment était venu.

*

J'étais arrivée la première. Un gardien que je ne connaissais pas – comme le temps passe ! – m'ouvrit la petite porte que j'avais franchie tant de fois... Je retrouvai l'entrée avec sa banquette de velours rouge, son large escalier que je pris pour monter jusqu'à la chambre qui avait été la mienne.

Le grand lit bateau Charles X orné de sphinx de cuivre était toujours là. Toujours là la cheminée de marbre noir, les poêles de faïence dans leurs niches à l'antique, les portraits des princes d'Orléans et de leurs chevaux.

Je m'installai. Puis en descendant le grand escalier, je vis le château dans l'œil-de-bœuf au-dessus de la porte donnant sur la terrasse. Le verre ancien le déformait légèrement, comme une télé mal réglée, le rendant féeriquement beau avec ses clochetons, ses poivrières et ses toits pour contes de Perrault.

À peine arrivé, Alain disparut, englouti dans les exigences de la belle demeure. Rien n'avait changé à Chantilly, si ce n'est que la belle demeure avait quelques années de plus.

Nous nous retrouvâmes dans la cuisine à l'heure du dîner, et là nous éprouvâmes quelques difficultés à comprendre la véritable nature du micro-ondes, avant qu'Alain n'ouvre une bouteille de bordeaux, pour conjurer les sortilèges.

Mais il n'y avait plus de sortilège. J'avais réintégré le Temps. Le raccord s'accomplissait dans cette cuisine où j'avais tant de fois pris mes repas, seule, la plume à la main, le manuscrit sur la table, le silence troublé seulement par la voix grave des heures tombant de l'horloge du château ou le cri d'un héron invisible.

Micheline devait nous rejoindre plus tard. Elle était retenue à Paris par une autre amitié. Avec la féroce tendresse qui est sienne, elle s'occupait de l'organisation des quatre-vingts ans de Raymond Devos au Théâtre du Rond-Point.

Alain avait momentanément abandonné saint Paul* pour rédiger le discours qu'il prononcerait lors de l'entrée d'Alexandre Dumas au Panthéon.

La demie d'une heure imprécise tomba, suivie du miaulement d'une chouette. Alain me versa à boire.

– Un jeudi où nous sortions de séance à l'Académie, commença-t-il, ton père me dit, le front serré, grave, préoccupé, tu vois son expression ?...

– Oui, oui !

– Ton père me dit : « Alain, nous aurions dû gagner ! »

– Gagner quoi ?

– Justement ! C'est ce que je me demandais. Pen-

* *L'Avorton de Dieu*, Perrin/Desclée de Brouwer.

sait-il à un candidat malheureux ? À une élection blanche ? Était-il, sans que je le sache, passionné de football et Saint-Étienne venait-il de s'écraser devant le Real ou la Juve ? Non ! Il pensait aux protestants ! À ce que serait devenue la France si la Réforme l'avait emporté !

Sacré protestant que mon père ! Protestant historique, protestant sociologique, protestant rebroussier...

– Et il ne t'a pas fait baptiser.

L'aurait-il fait si « nous » avions gagné ? Difficile à dire ! Mais, ce dont je suis sûre, aujourd'hui, c'est qu'il ne m'a jamais fait de plus beau cadeau que cette phrase :

Elle choisira plus tard...

*

Le lendemain nous avons déjeuné dans la grande salle à manger, au bout de l'immense table où, un jour, j'avais étalé les épreuves de *La Chambre de Goethe*.

Je pensais à la nappe aux fils d'or, au dernier dîner, à mon serment de ne jamais revenir.

Aujourd'hui, répandus sur la table, il y avait tous les cartons d'invitation pour l'anniversaire de Raymond. L'énergie de Micheline est impressionnante. Un jour, à Rome, prenant des photos pendant le tournage du *Mari de l'Ambassadeur*, à la Villa Médicis, elle me dit : « Je ne me sens pas bien. Quelque chose a dû m'empoisonner. Si jamais ça allait plus mal, demande à l'ambassadeur de me faire rapatrier d'urgence. »

Je me précipitai sur le téléphone pour prévenir Jean-Bernard Raimond. Quand je revins vers Micheline, elle avait disparu. Affolée, je la cherchai partout, imaginant le pire, quand je la vis, à quatre mètres du sol, prenant des photos de la scène en cours depuis un praticable.

– Ça va mieux ! me dit-elle avec un sourire joyeux.

*

On a passé deux jours heureux.

Puis ils sont rentrés à Paris, me laissant avec les ombres aimées.

*

Ce que j'ai reconnu d'abord, c'est le silence.

Un silence plein de bruits, de craquements, de frémissements, de soupirs, un silence qui permet de goûter, montant du passé comme une sourde marée, l'odeur du Temps.

Autrefois, quand le silence devenait trop lourd à supporter, je bougeais dans la maison, passant d'un niveau à l'autre, faisant craquer le parquet à la française sous mes pas, ouvrant des portes qui ne fermaient plus depuis la mort du duc d'Enghien, rajoutant une bûche dans le foyer, illuminant d'une gerbe d'étincelles les armes des Orléans sur la plaque noircie par des siècles de feu.

Ou bien j'allais à la cuisine me faire une flognarde. J'avais trouvé la recette dans Colette, et ce gâteau de village, cette grosse bugne de farine, de sel, d'eau et de sucre, était plus pour moi une compagnie qu'une friandise.

Je la ratais souvent. Aucune importance, je la mangeais, brûlante, *à la bouche du four*, comme le recommandait Sido à sa fille. Je léchais mes doigts, heureuse, et je me remettais au travail.

Ce soir je ne bouge pas.

Ce soir je n'ai pas besoin de musique.

Je reste au coin du feu à respirer l'odeur du Temps.

– Quelle heureuse formule !

L'homme qui est assis près de moi dans un fauteuil Louis-Philippe... c'est son fils !

Le fils de Louis-Philippe. Le duc d'Aumale, 1822-1897. Monseigneur !

Je veux me lever mais, d'une main blanche et ferme, il m'oblige à rester assise.

Je le reconnais bien.

Son portrait est à la place d'honneur, dans l'escalier. Et, comme sur le portrait, il est habillé avec un raffinement extrême.

– Je suis ravi de rencontrer une personne pour qui Chantilly aura tellement compté !

Son ton, charmant, a quelque chose de taquin et de joyeux qui me fait rougir.

– J'ai lu votre poème ! dit-il.

J'en étais sûre ! Un poème que je n'ai osé montrer à personne.

– Mais pourquoi, madame ?

– Parce qu'il est un peu tarte, Monseigneur !

– Tarte ? Tarte !

Il n'a visiblement jamais entendu employer le mot tarte comme adjectif.

« Tarte : adj. fam. Se dit de quelque chose de sot ou de ridicule. »

– Voudriez-vous dire, madame, que vous reniez les gentillesses que vous m'avez écrites ?

– Oh non, Monseigneur !

– Alors dites-les-moi !

D'un geste de sa main, toujours aussi blanche et aussi ferme, il m'invite à m'exécuter.

– Juste les vers qui me concernent ! précise-t-il.

J'ai obéi à Son Altesse, c'était bien la moindre des choses. Son Altesse était chez elle, je lui devais beaucoup, et puis nous étions seuls au bord du feu, personne n'en saurait jamais rien !

Non, non, je n'aurai pas de larmes
Monsieur le Duc, je ne peux pas,
Vous qui prîtes toujours les armes,
Vous pour qui la vie fut combat,
Vous qui, prince de ce domaine,
Avez dû partir loin d'ici,
Vous à qui je dis : je vous aime,
Un siècle trop tard, Dieu merci !

Il souriait, j'étais confuse, il me rassura :

– Madame, il est toujours plaisant d'entendre une femme qui dit : *Je vous aime*... même un siècle trop tard !

Sa montre de gousset sonna, il la sortit de la poche

de son gilet (une petite merveille, la montre !), la regarda, dit « Déjà ! » et se leva.

Je me levai aussi.

– Il m'eût été agréable de m'entretenir avec vous de la prise de la Smala d'Abd el-Kader, mais ce sera pour une autre fois, madame.

Il se dirigeait vers la porte, et je me demandais si c'était bien raisonnable de lui faire ma révérence avec mes jeans, quand il s'arrêta et revint vers moi.

– Ciel ! J'allais oublier. Ç'eût été impardonnable. Un de vos chers amis m'a chargé d'une commission pour vous ! Je suis, en quelque sorte, son ambassadeur !

Il déposa alors dans ma main l'élégante carte d'un tailleur londonien :

By appointment of Her Majesty
Mr. Edward Cavendish & sons
Tailors
72 Savile Road
London
England

– Mr Edward Cavendish, le père, m'a habillé pendant le temps de mon exil à Londres. Le petit-fils habilla votre ami vers 1930 ; c'est lui qui a réalisé le merveilleux pardessus que madame votre mère et vous-même, madame, aviez tant admiré un soir de gala.

Il ajouta :

– Monsieur Chevalier chante ce soir, il y aura foule, comme toujours...

Je regardai la carte. Était-ce un mot d'adieu ?

– Avant de prendre congé de vous, madame, je voulais vous faire une confidence. J'ai entendu les propos que vous avez tenus à votre fils le soir où vous vous prépariez à quitter Chantilly, eh bien, j'aurais pu les tenir moi-même. C'est nous qui appartenons à ce qui semble nous appartenir... parce que – je puis en témoigner – ce que nous possédons vraiment c'est ce qui n'est pas lié à nous par les chaînes de l'intérêt. C'est ce que nous aimons.

Nul mieux que lui qui avait tout donné ne pouvait le dire.

– Vous avez vécu ici des choses tristes... êtes-vous toujours fâchée contre nous ?

Je fis non de la tête.

C'était vrai.

Le duc prit ma main dans la sienne, posa dessus des lèvres très douces, puis il se dirigea vers la porte. Sur le seuil il se retourna, souriant :

– Demain, madame, allez donc vous promener dans les bois, pour dire au revoir aux cygnes, aux hérissons et à Monsieur de Cul-Blanc !

La sonnerie du téléphone me fit tourner la tête, il en profita pour disparaître.

*

Pour aller m'asseoir sous le grand chêne, j'ai voulu passer par le salon de verdure des empereurs romains.

Géométrie parfaite du salon où les empereurs semblent réfléchir en silence à des énigmes obscures.

Je quitte les allées sages pour aller à rebrousse-feuilles par les taillis, les buissons, les ronces, jusqu'à la grande clairière qui me paraît encore plus grande quand j'arrive...

Passage d'un petit rongeur à ras du sol, comme une souris-joujou remontée à fond ; vol à un mètre du sol d'un oiseau noir, mi-corbeau, mi-merle, en forme de fuseau...

Affairés.

Silence. Murmures.

Rien ne bouge plus.

Je m'assieds sous le chêne. Je cherche écureuil-mouche des yeux... Je le vois, il me voit depuis la plus haute branche et s'écrie :

– Que la fête commence !

Alors, du fond de la clairière, sortant de la forêt, viennent à moi les animaux.

Ils avancent en ordre, c'est beau comme la présentation du corps de ballet à l'Opéra !

Tybert les mène, Tybert me les présente, Tybert les a rassemblés pour moi. Tous les chats bien-aimés qui accompagnèrent ma vie : Bonheur, Chantier, Automne, Pikini, Yéyé, La Souris, Miffafe, Coukèque, Gribouille, Babouillet, mais aussi les chiens : Malou, Aldo, Ondine, Fire, Coralie, Ritasoune, Poil d'Altitude... et tant d'autres petites bêtes, d'oiseaux, de félins, d'espèces inconnues... C'est la Création en marche.

Mais toutes portent au côté gauche, comme un crêpe, une plume, une écaille ou une touffe de poils noirs.

Pourquoi ? De quel deuil s'agit-il ? Je n'ose le demander.

Petit Monsieur Loyal en fourrure tigrée, Tybert me les présente un à un. Les plus menus d'abord, puis de jolis rongeurs : souris, mulots, rats musqués, belettes, lapins, écureuils...

Puis la clairière tintinnabule tandis qu'avancent les troupeaux comme une transhumance. Moutons laineux fiers de leurs pompons de laine rouge, chèvres farceuses, chamois, daims, cerfs, antilopes.

Tybert me désigne une guenon qui s'est arrêtée près de nous et me regarde timidement.

– Tu ne la reconnais pas ?

La guenon me sourit, me tend sa petite main et, en saisissant ses doigts secs et écailleux comme des griffes d'oiseau, la mémoire me revient.

C'est la guenon dont je fis la connaissance en 1937, un dimanche où, ne sachant que faire de moi, mes parents m'avaient emmenée avec eux chez Jean Paulhan !

– Je n'ai pas été très aimable, dit la guenon.

Je proteste. Les choses avaient mal commencé entre nous parce que nous avions peur l'une de l'autre, mais nous étions vite devenues amies. Je m'en souviens très bien, je l'ai même écrit dans *La Citoyenne*. Monsieur Paulhan m'avait dit :

– Vous êtes l'élue ! Elle n'a jamais pris la main de personne, à part la mienne. Elle devine les choses, elle doit tout savoir de vous...

Violetta, c'est son nom, va jouer un grand rôle dans la cérémonie de la clairière : c'est elle qui va distribuer le goûter des animaux. Pour le moment je ne vois rien, mais elle me rassure : le goûter arrive, c'est Maurice qui en est chargé, il porte le panier dans sa gueule.

Un panier ? Dans sa gueule ? Maurice Chevalier ?

Hilarité dans la clairière, Tybert m'explique :

– Pas Maurice Chevalier ! Maurice, le lion du Jardin des Plantes ! Il se souvient très bien de la visite que tu lui as faite avec Catherine, quand il était si malade.

Pauvre lion, il nous avait émues, ma fille et moi ; grosse peluche un peu râpée, on le sentait à bout de forces. Il nous regardait de ses beaux yeux tristes, prostré dans un coin de sa cage.

Catherine avait demandé :

– Ça vit combien de temps un lion en captivité ?

– Dix-huit ans, avait répondu le chef-soigneur qui nous accompagnait.

– Et il a quel âge ?

– Vingt-trois ans.

Il nous explique :

– Vous savez, il aurait pu vivre plus longtemps encore s'il n'avait pas perdu sa lionne dernièrement. C'était un couple exemplaire !

Elle le suit de près, sa lionne, tandis que Maurice avance, magnifique, crinière haute, portant le panier du goûter.

Les animaux sont de plus en plus nombreux et chacun prend sa place en bon ordre ; on sent que tout ça a été répété sérieusement.

Les ânes, mules et mulets s'installent par rang de tailles, suivis par les chevaux, les zèbres, les dromadaires, les chameaux, les éléphants.

Tybert m'a fait asseoir sur un joli banc, tandis

qu'approchent les ours, blancs, bruns, gris. C'est magnifique !

Violetta a pris le panier du goûter, elle a enlevé le linge éblouissant qui le recouvre et sorti le gâteau avec précaution.

C'est un koulitch !

Le gâteau de la Pâque russe !

Le plus beau que j'aie jamais vu : des perles d'argent, des violettes prises dans le sucre, des fruits confits, l'ornent comme il se doit, et les bâtonnets d'angélique incrustés :

XB

dans sa pâte disent que Christ est ressuscité.

Le koulitch est de belle taille mais, étant donné la multitude, je suis quand même un peu inquiète.

– Pas de problème, dit Violetta, il y en aura pour tout le monde !

Tybert s'est assis près de moi sur le joli banc.

– Tu ne devines pas ? me demande-t-il.

Deviner quoi ?

– Tu ne devines pas qui a fait le gâteau ?

J'ai bien une petite idée, mais je n'ose pas la dire... Et ma petite idée est une bonne idée puisque, émergeant de la foule des animaux qui s'écarte devant elle, Irène vient vers moi dans sa robe de dentelle blanche.

*

Violetta m'a servie la première parce que je suis l'invitée. Puis elle a servi Irène, Tybert, Maurice et sa belle lionne.

Et elle avait dit vrai.

Le koulitch était inépuisable. Les animaux se succédaient, faisant la queue comme au Club Med – mais avec plus de discipline –, et chacun repartait avec une belle part ou une miette dans la gueule ou dans le bec, selon sa taille. Et Violetta continuait à couper, à servir, sans voir venir la fin du gâteau.

Je goûte le koulitch et je retrouve sur mes lèvres la saveur du bonheur. Ce bonheur qu'Irène savait si bien répandre autour d'elle.

Elle n'a pas perdu la main. Ni perdu le chemin de l'essentiel puisqu'un rouge-gorge s'envole avec une cerise confite dans le bec.

Je TE remercie d'avoir bien voulu lire le nom d'Irène sur ma liste.

Un ours gigantesque, debout sur ses pattes de derrière, s'approcha de nous. Il serrait contre son cœur un vieil homme fragile, comme on voit les enfants serrer contre eux leur peluche préférée. Quand l'ours fut servi ainsi que le vieil homme, l'énorme bête demanda :

– Est-ce que je pourrais avoir un morceau de plus pour mon Vladimir ? Il est si gentil !

L'ours s'assit pour nous raconter l'histoire de son Vladimir. Le vieil homme avait passé sa vie à sauver les ours orphelins de la forêt russe. Il les recueillait, les nourrissait, les élevait jusqu'à l'âge adulte, et les rendait ensuite à la nature.

Mais, toute sa vie, il avait souffert d'entendre les pleurs des oursons qu'il lâchait, à peine sevrés, dans un vaste enclos. Les petits pleuraient car ils avaient besoin de caresses, mais Vladimir, déchiré, savait qu'il ne devait pas les toucher, les habituer à son odeur, les en imprégner, sinon la forêt les refuserait.

Vladimir qui finissait sa deuxième part de koulitch félicita Irène. Il n'en avait jamais mangé de meilleur.

– *Spassibo !* dit-elle.

Ces échanges avaient lieu en russe, évidemment, mais je comprenais.

Comme je comprenais la coccinelle, le cygne et le guépard, la délégation de chevaux de cinéma, le pélican et le moineau.

Et tous, comme un crêpe, au côté gauche, portaient une marque noire.

Tybert et Irène ont dû sentir que je n'osais pas les questionner. Ils m'ont dit la vérité sur le deuil des animaux.

Les animaux étaient en deuil de la nature. En deuil des espèces disparues, en deuil des victimes des marées noires, en deuil des troupeaux immolés, en deuil des bêtes suppliciées, en deuil des forêts abattues, des océans souillés, de l'air pollué...

En deuil à cause de nous, les hommes.

– Ne pleure pas, dit Violetta en recueillant une larme sur ma joue.

Tybert sauta sur mes genoux. Une mouette vola jusqu'à moi, et il se fit un grand silence parce que les bêtes connaissaient la douleur que cet oiseau avait rencontrée sur la Terre.

– J'étais noire de mazout, dit-elle. Noire dehors... mais aussi noire dedans. Je savais que c'était fini pour moi, mais, comme je me sentais partir, des mains m'ont saisie, de l'eau a coulé sur moi... Il était trop tard, bien sûr, pour me sauver mais il n'était pas trop tard pour que j'entende la voix d'une jeune fille qui disait : « Je vous en prie ! Aidez-moi ! La mort de cette mouette est aussi grave que celle d'un être humain ! Pensez qu'elle aussi une mère l'a mise au monde ! »

Après il y eut un peu de vacarme, un peu de confusion. Ils venaient tous vers moi.

– Ils veulent te consoler, me dit Irène.

Et c'était vrai. Un éléphant célébrait son cornac, une sauterelle m'assura que je l'avais sauvée de la noyade le 13 août 1953, à 15 h 45 très exactement, grâce à un brin d'herbe ; mes chats témoignèrent pour moi ; un cheval raconta comment une famille lui avait fêté ses quarante-huit ans : « Une surprise ! » ; Maurice le lion évoqua la bonté du chef-soigneur du Jardin des Plantes, lors de son deuil. Beaucoup d'animaux rendirent hommage aux pompiers.

Une paire de bœufs frères vint vers moi, la tête couronnée de feuilles de hêtres... les hêtres de l'Aigoual, les fayards de ma montagne. Ils marchaient du même pas calme et tranquille et me regardaient de leurs yeux si doux qui semblent souvent au bord des larmes.

Je les embrassai l'un et l'autre comme j'avais toujours rêvé de le faire sans jamais l'avoir osé. Je caressai les mufles de soie.

Le plus roux des deux parla :

– Il y a des hommes bons.

– Des hommes qui nous aiment, ajouta le plus brun.

– Comme mon Vladimir ! dit l'ours gigantesque.

On applaudit Vladimir qui eut droit à une troisième part de gâteau.

Le banc bougea légèrement, et je m'aperçus que Tybert nous avait fait asseoir, Irène et moi, sur le dos d'un énorme crocodile. Mais je connaissais Esaïe par cœur depuis si longtemps que je ne pouvais pas avoir peur. C'est même moi qui ai glissé un beau morceau de koulitch entre les 88 ou 112 dents du saurien qu'on avait oublié dans la distribution du goûter.

Je n'avais pas peur, mais j'étais triste. Pourquoi détruisions-nous l'œuvre du Grand Scénariste ?

Où était l'Erreur ?

Je me tournai vers Irène, mais je savais qu'elle ne pourrait pas me répondre. Je savais qu'elle ne pourrait pas me dire pourquoi le massacre des Innocents n'avait jamais cessé sur la Terre.

« Essayer de comprendre tout ça... », avait dit Patrick Bourrat.

– Attends la fin de la pièce, dit Irène en m'embrassant. Et pense à ce que Pasternak a dit à tes parents sur la place Rouge, en 1936. Tu te souviens ?

Oui.

Pasternak qui préférait les fleurs des champs à la politique leur avait dit :

« La vie est parfois plus généreuse... et surtout plus légère... »

*

La clairière avait retrouvé ses dimensions. Ils étaient tous partis. Seul, Tybert était resté. Assise dans l'herbe, je l'avais pris sur mes genoux. Il ronronnait, comme autrefois, à *Coin Perdu*, quand il entendait rire *ses* enfants dans la maison.

Il me sembla que je le distinguais de moins en moins bien...

– Tu ne vas pas me faire le coup du chat de Chester ? Tu ne vas pas disparaître ?

Il me sembla l'entendre répondre :

– Bien obligé !

Puis je fus seule dans la clairière.

J'entendis ronronner un moment encore...

Puis ce fut le silence.

Un jeune couple marchait devant moi, dans l'allée qui me ramenait au château.

Je ne les voyais que de dos, mais je les sentais pleins de joie, d'espérance, de confiance en la vie.

Ils sont au début d'un long voyage.

Comme c'est beau !

Il lui tient la main et se penche vers elle. Il a vingt ans. Il est charmant.

Brusquement, je reconnais Louis, et mon cœur se met à battre beaucoup trop vite. La tête me tourne. J'ai peur de la fille qui mérite un tel regard... D'abord qui est-elle ? Que fait-elle avec lui, cette fille ? De quel droit ?

Il entoure ses épaules d'un bras plein de tendresse. Je retiens mon souffle... La fille lève les yeux sur lui, sourit, et je respire mieux !

La fille, c'est moi.

Et je fus ravie en esprit...

Ce jardin latin plein d'iris, de lavandes et de violettes, cette tour au loin dominant les cyprès, les lauriers, les oliviers et les arbres de Judée des collines, cette douce montée d'un chemin de garrigue s'élevant entre des terrasses odoriférantes...

À quelle époque sommes-nous ?

Rien ne me donne une indication de date. La petite maison ocre que je devine derrière des lilas en fleur pourrait être celle du vieux Gallus, dans le poème de José Maria de Heredia, *la maison tout entière est à l'abri d'un pin.* Le puits, coiffé d'un toit rond couvert de tuiles romaines, est très ancien, comme le banc de pierre qu'il me semble avoir déjà vu...

Mais où ?...

Suavité de l'air, odeur fraîche de l'herbe, parfums mêlés, tendresse du lilas, note plus rude de la santoline, du thym et du romarin dont je froisse les fleurs bleues en avançant sur le chemin, avec accompagnement de cigales.

Je ne demande pas : « Où suis-je ? », je le sais. Je suis revenue dans la Colonia Augusta, la Tour au loin la signe.

Je demande seulement : « Quand suis-je ? »

Un oiseau chante. Sans doute me donne-t-il la réponse. Mais je ne comprends que la beauté de sa voix, je ne comprends pas le sens de son chant.

Aurais-je perdu le contact avec la nature ?

– Non, me dit un gros merle perché sur la branche d'un cèdre, tu n'as jamais été si proche de nous !

– Il suffit parfois d'écouter la musique, explique un chat inconnu qui vient de le rejoindre sur la branche.

L'oiseau et le chat, me voyant inquiète, éclatent de rire.

– Ne crains rien, dit le merle, ici, nous sommes sur une montagne sainte !

– Pas très haute ! précise honnêtement le chat.

– Mais complètement sainte ! confirme l'oiseau.

C'est à ce moment-là que la petite fille est arrivée.

Une petite fille merveilleuse qui faisait se lever dans l'herbe, sur son passage, des gerbes de sauterelles aux ailes ourlées de pourpre, de cinabre et d'azur. Une escadrille de papillons la suivait, voletant autour de ses nattes brunes. Elle a souri en me voyant et m'a proposé une partie de croquet.

Sa petite jupe courte, ses bottines à la chocolat Menier, son tablier à bavolet avec un grand nœud dans le dos, m'indiquaient que nous étions au début du siècle dernier.

Elle était jolie, la petite fille, et je l'aimai de tout mon cœur dès le premier coup d'œil.

Comme si elle avait été mienne.

Peut-on jouer au croquet à deux ?

Sans doute, puisqu'elle me tendait un maillet et me désignait les arceaux que je n'avais pas encore remarqués.

– À toi ! dit-elle. Et sa voix était charmante.

Elle me rappelait ma fille à son âge. J'avais envie de la prendre dans mes bras, de lui demander son nom, son âge, le nom de ses parents, de ses petites amies, de ses poupées... J'avais envie de tout savoir d'elle !

Et pourtant je restais saisie, immobile et muette.

– Tu joues, madame ? demanda-t-elle gentiment.

Voyant mon émotion, elle vint vers moi et, debout sur la pointe de ses petits pieds, elle m'embrassa.

Son parfum m'enveloppa. Un parfum qui avait bercé mon enfance ; un parfum très doux de rose évanescente, que je buvais avec délice quand maman se penchait sur mon front avant de me recommander à la nuit...

Je savais maintenant qui était la petite fille, avant même qu'un jeune couple ne l'appelle et n'apparaisse sur le seuil de la maison à l'abri d'un pin.

– Lili !

Je savais qui était la petite fille, et que j'étais inscrite dans son avenir.

Je la regardai s'éloigner en sautillant vers le mazet. J'étais émue, je n'étais pas triste. Je savais que je la retrouverais quand le Jour et l'Heure seraient arrivés.

Mais avant il y avait encore la Vie sur la Terre.

Et c'était bien.

Je regardais la nature autour de moi, les arbres, les fleurs, les papillons, l'oiseau, le chat...

Je connaissais tout le monde maintenant.

Alors je suis rentrée à la maison, pour tout te raconter.

Mais j'ai gardé sur moi le parfum de la rose.

Table

Cet ouvrage a été composé par
Graphic Hainaut (59163 Condé-sur-l'Escaut)
et imprimé sur presse Cameron
par **Bussière Camedan Imprimeries**
à Saint-Amand-Montrond (Cher)
pour le compte de la Librairie Plon

Achevé d'imprimer en mars 2003.

N° d'édition : 13626. — N° d'impression : 031679/4.
Dépôt légal : mars 2003.

Imprimé en France